no niin
ノニーン！
フィンランド人は どうして幸せなの？

スサンナ ペッテルソン
迫村 裕子

Introduction
著者紹介

スサンナってどんな人？

スサンナ ペッテルソン（博士）

背が高くてスタイリッシュ。イッセイ ミヤケの服を着こなし、二人の娘を溺愛している母。
長女、次女も大学生。美術評論家、キュレーター、ライターのご主人と、ヘルシンキ郊外の海に近い森の中で、祖母から譲り受けた家に暮らす。ペットは犬のジティ。
本職は美術史家、美術館館長、准教授。2018年の夏以来、仕事はスウェーデンのストックホルム、週末は家族のいるフィンランドのヘルシンキへと、週ごとに通いの生活。趣味はランニング。ハーフマラソンにも参加し始め、次のレースのことを考えると頭がいっぱいになる。台所で創作料理に挑戦するのも息抜きの一つ。読書も好きだが、家の中に本が溜まり過ぎて、パンク状態。なるべく買わないことにしているが、これが難しい。フリーマーケットや骨董品屋を覗くのも大好き。2014年以来、年に数度日本に滞在し、陶器などのショッピングが楽しみ。メディテーション（瞑想）にも挑戦中。

ヒロコってどんな人？

Hiroko Sakomura

迫村 裕子

一女三男の母、孫三人。にっこり笑顔とショートカットがトレードマーク。どちらかと言うと、犬より猫派。
文化プロデューサー、会社代表。絵本、翻訳書の著作もあり。高校時代と子連れでとアメリカ留学2回。90年代の中頃からフィンランドとのプロジェクトがスタート。以来、年に数回フィンランドに滞在。サンタクロースとも小人のお手伝いトントゥとも知り合い。プロジェクトは展覧会、セミナー、イベント企画など多岐にわたる。「フィンランドにどうしてそんなに入れ込んでいるの？」、「何がそんなに魅力で毎年行くの？」。全ての答えは、この本に集約されているといっても過言ではない。変わったこと面白いことに惹かれ、人のやらないことをやってみようと思うタイプ。好きなことは、ぶらり一人旅、雲の写真を撮ること、掘り出し物を見つけること。近いうちに再開したいことは、書道とお茶のお稽古。モットーは「みんなちがってみんないい。でもみんなつながっている」。

Introduction
フィンランドに関する一般知識

※参考：フィンランド統計局、
フィンランド大使館ホームページ

小さい国土。
国の面積は約33.8万㎢（日本の90％）。日本と大体同じですが、人口は日本の40％以下の約551万人。

ほとんどが森と湖。
国土の3分2に及ぶ2000万ヘクタールが森、1割近くは水域で、湖の数はどの国よりもはるかに多い約19万。単純に計算して30人に一個湖があることになります。

島の数は日本の25倍。
フィンランドには約18万もの小島があり（日本は約7000）、沿岸地方では推定9万5000もの島々が、世界で最も複雑にいりくんだ群島を形成しています。

高い山がない。
地形はほとんど平坦。唯一の例外は、北部のラップランドにあるハルティ山（1324メートル）。フィンランドの最高峰です。

白夜と極夜が交差するドラマチックな気候。
緯度60度と70度の間に位置するフィンランドは欧州最北端の国。国土の4分の1は北極圏に属します。春と秋は短いものの、はっきりとした四季があります。9月の紅葉などは目をみはる美しさです。

2017年に建国100年。
小国、地理的に複雑な立ち位置、大国に翻弄された歴史、20世紀に起きた4つの戦争では驚異のよみがえり力を発揮。

フィンランドの5つの「S」とは？
サウナ、サンタクロース、サルミアッキ、シス、シベリウス。フィンランドを語るのに欠かせないキーワードです。

公用語はフィンランド語とスウェーデン語。
国民の88％がフィンランド語を話し、5.2％がスェーデン語を話します。

社会保障（教育、医療、年金など）が充実。
1940年代以降、北欧型福祉社会をつくることに取り組み、男女平等が強調され、子供の教育費、医療費を無料にするなど、福祉社会は税収によって支えられています。

\ no niin /
ノニーンは、フィンランドの魔法のことば。

声のトーンや場面によって、愛情から嫌悪感、怒りまで、いろんな気持ちや意味合いを表現できます。多様なノニーンの表現はコメディにもなっているほど。ノニーンの言い方やトーンによって、良いニュースかそうでないかの推測がつき、直訳すると、「そう、そうね、いい感じ、まぁ、はい、は〜い、う〜ん、ちょっと」など。日本語の「そうだね、そうですね」の感じに似ています。

> ## 知っていればフィンランド通？
> ## 「ノニーン」シチュエーションあるある

きっぱりと言い放つとき　　(^_^)/

No niin,..aloitetaan!
さあ、始めましょう!

(好奇心や不安を持って)　(◎_◎)ン?
どうだろうかと思うとき

No niin… mitähän tästäkin tulee?
さて、これがどうなるかみてみましょう?

前向きに取り組んで　　(°▽°*)♪
みようと思うとき

No niin… katsotaanpa!
じゃあ、調べてみましょう!

ちょっと怒り気味のとき　(;￣Д￣)

No niin … katsokaa mikä sotku!
おお、何てこった!

相手の失敗をみて、　　(*^皿^)
痛快なとき

No niin!!!
Tiesin että tässä kävisi näin!
やっぱり、こうなると思っていた!

相手を慰めるとき　　(*´▽`*)

No niin…kaikki käy parhain päin.
大丈夫、全部うまく行くよ。

相手を説得するとき　　(^◇^)

No niin… aika lähteä kotiin.
さあ、もう家に帰りましょう。

決着をつけるとき　　(>_<)/

No niin…. se oli sitten tässä.
終わり、もうそれまで!

Contents

Introduction   006

Chapter 1	よく知られているフィンランドのこと	013
Chapter 2	あまり知られていないフィンランドのこと	037
Chapter 3	典型的なフィンランド人はこんな人たち	061
Chapter 4	自然との付き合い方	079
Chapter 5	人とのちょうど良い距離感	099
Chapter 6	暮らしの中の美しさ	117
Chapter 7	ワーク・ライフバランス	143
Chapter 8	価値観・仕事観・リーダーシップ	169

COLUMN
知っていればフィンランド通？
- ❶ Kuusi palaa クーシ パラー   096
- ❷ Sisu シス   140

Topics

No.
01 _ サウナはフィンランド式"裸のつきあい"。
02 _ サウナで人の悪口はタブー。
03 _ あなたが出逢うサンタクロースが、世界で唯一のサンタクロース。
04 _ 一晩中爽やかな光に包まれる白夜。
05 _ 冬のワンダーランド、主役はオーロラ。
06 _ ライ麦パンは、おふくろの味。
07 _ 世界一まずいキャンディ、サルミアッキ。
08 _ なぜか受ける、アキ・カウリスマキの暗いユーモア。
09 _ 生活に溢れるアートとデザイン。
10 _ 冬の飾り、ヒンメリ。
11 _ 生まれてくるすべての赤ちゃんに素晴らしい国。
12 _ 英語が達者。言語使い分けのエキスパート。
13 _ 寡黙で内気、なのにタンゴとヘビメタ大好き。
14 _ ハーブ香る、人気のジン。
15 _ すべての天候に対応、フィンランド式ドレスコード。
16 _ マイナーだけど人気のスポーツ、サウヴァカヴェリュ。
17 _ メーデーの主役は、なぜか労働者ではなく学生たち。
18 _ 飲んで歌って大騒ぎのザリガニパーティ。
19 _ お宝ぞくぞく、魅惑のフリーマーケット。
20 _ 美術館、博物館は、すべて徒歩圏内。
21 _ 教育を受けるチャンスは誰にでも、しかも無料。
22 _ 「ご機嫌いかが？」の答えに悩む。
23 _ ルールは守る、これが鉄則。
24 _ 玄関で必ず靴を脱ぐ。
25 _ 食べ物を決して残さない。
26 _ 褒められると照れる。
27 _ 自分の国がどう思われているのか気になって仕方がない。
28 _ 無口は美徳。
29 _ 時間厳守、有言実行が当たり前。
30 _ 心がざわざわしてくると、森に行く。
31 _ 誰もいない島で暮らす、それが最高の贅沢。
32 _ 水辺の楽しみ、岩の不思議。
33 _ 苔のふわふわ感は、おばあちゃんのイメージ。
34 _ 森の恵みは、みんなのもの。
35 _ 最強のモンスター、それはマダニ。
36 _ ロマンチックな冬の楽しみ、スノー・エンジェル作り。
37 _ 地震なし、頑丈な地盤。

No.
38 _ 一つの単語に6つの意味がある、不思議なフィンランドの言葉。
39 _ 私の家族、犬のジティ。
40 _ お祝い事は必ず大切に祝う。
41 _ 不満のガス抜きも、前向きへの一歩。
42 _ 正直に話し、隠し事をしない。
43 _ 友だちはかけがいのない宝。
44 _ 笑う門には福来たる。
45 _ 周囲の人から積極的に学ぶ。
46 _ 私のヒーローは、106歳まで生きたおばあちゃん。
47 _ 身近なところで美の発見。
48 _ 自然を活かした建築物。
49 _ ファミリーストーリーに耳を傾ける。
50 _ 家族の「記憶」を持つ。
51 _ 美は細部に宿る。
52 _ 気に入った食器は、毎日使って愛でる。
53 _ 水切り棚は、生活用品の最高傑作。
54 _ タイムレスにお金をかける。
55 _ 何を着るかも、自己プレゼンの一つ。
56 _ ファッションは時代の風を着る。
57 _ 編み物でメディテーション。
58 _ フィンランド人の遺伝子に、組み込まれた「秘密の力」。
59 _ ママが仕事でもパパが家にいる。
60 _ フレキシブルな家族構成。
61 _ 金曜日の夕食は、家族とともに。
62 _ 家事はうまく手抜きする。
63 _ 子供の声にしっかり耳を傾ける。
64 _ 女性だからと言って諦めることは何もない。
65 _ 歴史を作った女性たち。
66 _ フレックスタイムは、働き方改革の第一歩。
67 _ 「今、ここ」に集中することこそ、ベストのタイムマネージメント。
68 _ 仕事場での感情コントロール。
69 _ 自分のために日記をつける。
70 _ 美味しいものをしっかり味わう。
71 _ 少年少女よ、大志をいだけ。
72 _ 限界に挑戦する。
73 _ 他人の話をきちんと聞く。
74 _ 「ありがとう」をいっぱい口にする。
75 _ 周りの人を励ます、インスパイアする。
76 _ 小さな失敗をたくさんしよう。
77 _ 自分をちゃんとケアする。
78 _ 一つのドアが閉じても、別の扉が開く。
79 _ 階級制度なしのフラットな関係。
80 _ 私たちの考えるリーダーシップ10か条。
81 _ いつも微笑みを絶やさずに！

Photo : Juho Kuva/Visit Finland

Chapter 1

よく知られているフィンランドのこと

NO.01
サウナはフィンランド式 "裸のつきあい"。

フィンランドの家には必ずって言っていいほどサウナがあります。アパートにもホテルにも共有サウナが付いています。特別な日やお祝いの日だけでなく、平均して週一回は、家族みんなでサウナに入ります。サウナ・ソサイエティという団体もありますし、公共のサウナでソウル・メイトを探したりするほどサウナに夢中な人たちもいます。近頃は、「ロウリュ（蒸気）」やサウナ・プール「アッラス」などスタイリッシュでモダンな建築のサウナも出来ています。

Susanna サウナで、のんびりリラックスして夢のようなことを考えるのもいいですけど、家族内の揉め事や何かギクシャクしていること、相談ごとやちょっと突っ込んだ話がある時も、一緒にサウナに入ります。100度近いスチームの中で、白樺の枝を束ねて作ったヴァスタで身体を叩いて血液の循環をよくすれば、大概の人は、「ま、それでいいじゃないか」と、自然に丸く収まって行くのです。サウナが政治的な問題さえも解決の場になることも頷けます。

Hiroko 裸になることに抵抗がないってことは、日本人と同じですね。温泉の大浴場で、「湯けむり」を見た途端、「あら、ステキ、入りましょう！」と、すぐに服を脱ぎ出したフィンランド人の友人もいました。シャイで内向的な人が多いけど、ひとたびサウナに入れば、身分や職業を超えて裸のおつきあいがフィンランドにはあります。

Chapter1_よく知られているフィンランドのこと

スモークサウナはユネスコの無形世界遺産に登録されています。最初のサウナは紀元前の青銅器時代（BC1500-500）に建てられたと言われています。

NO. 02
サウナで人の悪口はタブー。

昔は、お産も亡くなった人のお清めもサウナでしていました。今も、風邪を引いた時や厄介な病気の時にはサウナに入ります。サウナで病気を治すおまじないの歌も昔からたくさん伝えられています。サウナでのタブーは、人の悪口を言うこと。サウナにはサウナ・トントゥという小人の精霊が住んでいるので、悪口をいう人はこっぴどくやっつけられます。

サウナ・トントゥに会ったことがあるんですよ。展覧会のオープニングのお祝いで、サウナ・アイランドと呼ばれる小島にボートで出かけた時のこと、食べたり飲んだりはしゃいでいるうちに、疲れもあってかちょっと気分が悪くなって、パーティを抜け出し、近くのスモークサウナを見つけて入ってみました。中は暗く、窓もなく、煤で燻されたベンチに横になっていると、何かとてつもなく暖かいものに包まれているような不思議な気持ちになりました。酔いがまだ回っていたと言えばそれまでですけど、私は、きっとあれはサウナ・トントゥだったと思っているのです。

Chapter1_よく知られているフィンランドのこと

湖や海の近くにサウナを持つのは、フィンランド人が夢見る最高の贅沢の一つです。ちょっと身体がほてったら、水にドボン。水の中で体が冷えてきたら、またサウナに駆け込む。子供の頃、祖父と、サウナ石に水をかけて蒸気をどんどん出しながらどっちが熱さに長く耐えられるかと競争したものです。懐かしい夏の思い出です。夏だけでなく、真冬に氷に穴を開けて飛び込む猛者もいます。本人たちに言わせれば、とても爽快な気分になるらしいのです。

よそのお宅にお招き受けた時、お食事の前か後にサウナにどうぞと言われると、ついつい嬉しくなってしまいます。サウナ好きの私はいつでも大歓迎。いつかラハティの郊外の知人宅で、湖の際に建つスモークサウナに入った時のこと、サウナ小屋と湖を行き来しているうちに小雨が降り出して、雨の作る波紋の中を泳いでいると、まるで自分がアメンボウになった気分になりました。思い出深いサウナ体験の一つです。

Photo：Heikki Mustonen/Visit Finland

NO. **03**

あなたが出逢うサンタクロースが、
世界で唯一のサンタクロース。

フィンランドでは、サンタクロースがラップランドに住んでいることは大人も子供も知っています。北のラップランドからさらに北にある、コルヴァトゥントゥリ山にお手伝いの小人のトントゥたちと一緒に暮らしているのです。北極線に位置するロヴァニエミ市にはEU公認のサンタクロースのふるさと、サンタクロース村もあり、そこでは、一年を通じてサンタクロースに会うことができます。

フィンランドのサンタクロースは伝統的にクリスマス・イヴの日に、プレゼントを持って家にやって来ます。玄関から入ってきて、「お利口な良い子いるかな？」と尋ね、クリスマスのお祝いとプレゼントを配ります。待ち遠しいその日が来ると、子供たちの興奮が頂点に達します。昔のサンタクロースは、灰色のコートを着て仮面を被っていましたが、第二次世界大戦後には、今のような赤いガウンに衣替えしました。

我が家では、サンタクロースが実際にやって来るのでなく、プレゼントが入った大きな袋を居間に置いて行ってくれるのが習慣でした。しかし、娘たちが成長するにつれ、彼らも必死に見張っていて、プレゼントの袋を置

© Timo Mänttäri & Kehvola Design

くタイミングを見つけるのがなかなかスリリングでした。子供たちが育った今となれば懐かしい思い出です。プレゼントの袋だけは、子供たちが成長した今も同じ袋を使っています。

サンタクロースはスーパースターですが、お手伝いのトントゥのことはあまり知られていませんね。世界中の子供たちからくるプレゼントお願いの手紙を整理したりプレゼントを作ったり、子供たちが良い子にしているかと見回りするのは小人のトントゥの役目。トントゥの姿はなかなか見えないけれど、必ずいることは確か。寝る前にトントゥの大好きなミルク粥を小さなお皿に乗せておくと、必ず次の朝にはなくなっているからです。クリスマスが近づく頃には、「そんなことをしたら、トントゥが見ているよ」って、子供たちはよく親に叱られていますね。

ある年のクリスマス、弟がサンタクロースへのお願いリストを見回りトントゥがしっかり読めるように、食堂の大きな窓に外に向けて貼り付けていました。まだ小学生だったのに、そのリストの一番上には、「ダイヤモンド」と書かれていました。それを見て、大いに笑ってしまったことを未だによく覚えています。

サンタクロースは子供たちの喜ぶ顔を見るのが大好き。いつも誰にも優しくて、時々、やんちゃな子供たちにヒゲを引っ張られたりしても、決して怒らないでニコニコ。フィンランド語では親しみを込めてヨウルプッキと呼ばれています。ファーザー・クリスマスという意味です。もしみなさんが、サンタクロースに手紙を出したければ、住所は 99999 Korvatunturi, Finland。フィンランド人なら誰でも知っている住所です。必ず届きますよ。

NO.04
一晩中爽やかな光に包まれる白夜。

6月の終わり、夏至祭（ユハンヌス）の頃のフィンランドの夏の夜は、美しい光で満たされます。透明で、シャープでひんやり。ちょうど「白夜」の時期で、真夜中でも鳥たちがさえずり、その美しい爽やかさは何世紀も前にラップランドを目指した旅人たちを魅了しましたし、数多くの作曲家、詩人、作家、アーティストにもインスピレーションを与えました。20世紀初めに活躍したフィンランドを代表する画家、アクセリ・ガッレン＝カッレラ（1865-1931）もその一人でした。夏の光の瞬間を描いた「ケイテレ湖」シリーズ（1905）は、ロンドンの英国美術館にも所蔵されていて、人気の高い作品です。「白夜」の神秘は水辺にいてこそ最高に味わえると言われていますから、夏の夜にはみんな森や海や湖に出かけます。フィンランドには、南から北まで188,000もの湖があり、水辺の数に不足はありません。水辺では、夏至祭の晩、焚き火（コッコ）が焚かれます。夏至祭の前の晩に7種類の花やハーブを摘んで枕の下に入れて寝ると、将来の結婚相手が夢に現れるとも言われています。

Susanna 子供の頃、夏の間、北のクウサモの近くのカルパンキュラという村でよく過ごしました。明るくて晴れていて、絵に描いたような夏休みの風景でした。母から、外に出る時は蚊よけをしっかり塗って行きなさい、南からやって来る人たちを蚊が楽しみに待ち受けているのだからと言われていましたが、着いた最初の日にそのまま森へ飛び出してしまい、遊んで戻って来る頃には、身体中蚊に噛まれていました。母は、私が蚊に噛まれた跡を100まで数えて、あとはも

Chapter1_よく知られているフィンランドのこと

う諦めたと言っていました。夏の外遊びには、まず蚊よけをつけてからの鉄則をその時に学びました。

田舎の友だちの夏の別荘に招かれ、いろんな草や花が咲き乱れる森を抜けて「この草は食べられるよ」と友だちが渡してくれた草を噛みながら近くの湖まで歩く。どこまでも広い空、鏡のような湖の水面に映る真っ白な雲、遠くに白鳥がいる。後ろの森からは鳥のさえずりも聞こえる。桟橋に座り、足を水につけパチャパチャさせながら、ボーッと空を眺めて過ごす。夜中になっても、まだまだ新聞も読めるくらい明るい。あの何でもないあの時間がどれだけ贅沢だったかと、今も思い出します。

Photo: Susanna Pettersson

NO.05
冬のワンダーランド、主役はオーロラ。

北のラップランドではオーロラが見られます。オーロラは、南極と北極圏で大気と地磁力が出会うところにできると言われています。色は薄い緑とピンクが多く、9月から2月までがシーズンです。一年の内に、200晩も見られるところがあるそうです。世界中からオーロラを目指して観光客がやって来ますが、最近は、外で寒い思いをして待つのではなく、天井がガラスで出来た特製コテージで、オーロラが出ると、部屋のアラームが鳴る仕掛けになっているホテルもあります。

Susanna 以前にオーロラの出す音の研究に生涯をかけているという教授に会ったことがありますが、暗い空からオーロラの光が私たちに話しかけてくれるなど、想像するだけで、ちょっとロマンチックだと思いませんか。

Hiroko そう言えば、前に参加したオーロラ・ツアーのガイドのお兄さんが、「ボクの祖父さんは、オーロラが出る前に音が聞けたんだ。ボクには聞こえないけど」って言っていました。

Susanna オーロラはフィンランド語では「レヴォントゥレット」、狐火という言う意味です。ラップランドに住むサーミ人の伝説によれば、キツネが尻尾で掃いた粉雪が舞い上がりオーロラになったと言われています。

Chapter1_よく知られているフィンランドのこと

オーロラを初めて見たのは、11月の終わりのラップランドのイナリ。太陽は一日中、顔を出さない、極夜の真っ只中。持っているだけの洋服を着込んで夜の10時ごろホテルのロビーで待っていると、熊のような佇まいのお兄さんが荷台の広いトラックに乗ってやって来ました。ガタゴトガタゴト、森の中を走ること20分ほど、人工の光から遠く離れ、森の木々も何もかも凍っている小さな湖に辿り着きました。視界360度、まるで月面基地かと言う風情、空には星と月、全てがシーンと静か。しっかり着込んだ上に、さらにお兄さんが貸してくれた防寒服を着込み、ダルマさんのような格好で、湖の真ん中に敷かれたマットレスの上に寝っ転がって待ちました。待つこと数分。防寒服を着ていても寒い。オーロラを見たいと言うひたすらの思いで、「オーロラ、さあ、出て来い！ 出てくれ！」と願いを込めているうちに、現れたのです。緑のカーテン。森の上空を泳いでいるのかダンスを踊っているのか、まるで生き物のようでした。

NO.06
ライ麦パンは、おふくろの味。

黒いライ麦パンは、フィンランドの伝統的なパンです。フィンランド人が海外でホームシックになる時は、家族が恋しいと言うよりも、ライ麦パンが食べたくなるのです。そして、みんなの好物は、カレリアン・パイ（カルヤラン ピーラッカ）。お米やじゃがいも、人参とお米を混ぜたものなどが詰めてあるパイです。スーパーでも、どこでも売っています。

Hiroko　友人のソインツの家ではライ麦の天然酵母菌をずっと大切にしています。昔、ご主人の博士論文完成のお祝いに、担当の細菌学の教授から、100 年も生き続けている菌をもらって以来 30 年間、毎週、焼いているそうです。レイバン・ユウリ「パンの元」と呼ばれているバクテリア文化の恩恵をずっと受けているわけですね。

Susanna　私もそんな友人を何人か知っていますよ。パンを焼く度に、こねたパン種の一部を残してドライにするか冷凍して保存しておき、次に焼く時に、ちょっと水を加えて、再び生き返らせるのです。これを繰り返すことによって、味わい深いパンがいつでもできるのです。

Chapter1_よく知られているフィンランドのこと

ライ麦パン

カルヤラン ピーラッカ

NO. 07
世界一まずいキャンディ、サルミアッキ。

フィンランド人は、サルミアッキと呼ばれるキャンディが大好きです。どうしてこれほどサルミアッキが好きなのか、これは、他の国の人にはなかなか理解できないことでしょう。見た目も味も匂いもひどいと言って、「世界一まずいキャンディ」と言う悪名もつけられているのですから。

Photo：Vastavalo/Visit Finland

Chapter1_よく知られているフィンランドのこと

Susanna やはり、小さい頃から食べ慣れているせいで大人になってもサルミアッキの味が恋しくなるのですね。海外に住んでいる人で、買い込んだサルミアッキのキャンディを食べ切ってしまい、ホームシックになってしまった人もいるそうですから。

Hiroko 私もあんまり好きな味ではないのですが、パッケージで気に入ったデザインがあって、それを見る度に買いたくなるのです。先日、ヘルシンキに滞在していた時に、サルミアッキ入りのお菓子がどのくらいあるのかと、興味半分、スーパーマーケットに見に行ってみました。キャンディだけでなく、チョコレート、ガム、ミント、グミ、クッキー、マシュマロなど、サルミアッキ入りのものが、まあ、たくさんありました。

Susanna キャンディは嫌いだけど、サルミアッキのお酒は好きという人は周りを見回してもいっぱいいます。フィンランドのウォッカとサルミアッキの組み合わせ、コスケンコルヴァ・サルミアッキはとても人気です。

©Timo Mänttäri

NO.08
なぜか受ける、
アキ・カウリスマキの暗いユーモア。

フィンランドを代表する映画監督と言えば、アキ・カウリスマキです。ヨーロッパだけでなく世界的にも有名です。静かなメランコリーを取り上げれば、彼の右に出る者はいないと評価されています。登場人物は、勤勉に働き、真面目に生活している人々ですが、極端に口数が少ないのが特徴です。ドラマ性はあまりなく、一つ一つのシーンが額に入ったアート作品のように緻密に組み立てられています。カウリスマキは、信頼している俳優たちだけを起用し、自ら役を演じることもあります。

Susanna 1980年代の真ん中、私がまだ高校生だった頃、アキとミカのカウリスマキ兄弟が映画監督としてデビューしました。その暗いユーモアとウィットにみんな夢中になりました。ちょっとシュールでマジカルなストーリーが新鮮でした。彼らが製作した2番目の映画『Calamari Union/ カラマリ・ユニオン』(1985) に登場する人物たちがかけていた黒いサングラスを真似してみんなで同じようなサングラスをかけて格好つけていました。真冬の2月、外は寒さで凍っているのに、高校生がみんなサングラスをかけている様子は今考えると滑稽ですが、当時はそれがすごくクールだと思っていました。

Hiroko 私が最初に見た映画は、『マッチ工場の少女』(1990)。最初から最後まで、えっ、ここまで行くのかと言うほど、救いがなくて、もう、本当に驚いてしまいました。フィンランドの友人の一人は、「カウリスマキの映画を見た後は、自分の人生はここまで悲惨

Chapter1_よく知られているフィンランドのこと

じゃないな」って思えると言っています。しかし、その悲惨の中にこそ儚く出てくるユーモアは秀逸です。かなりブラックですが、本質をついています。俳優たちが言葉でなく目で語る演出や、フィンランドデザインがきっちり反映されてるインテリアに興味をひかれて、結局、ファンになりました。映画好きのアメリカ人の友人に伝えたら、「どうしてあんな暗い映画が好きなの？」って言われていますが。

アキ・カウリスマキ

カウリスマキ・ファンなら、ヘルシンキ市内の、映画が撮影された場所を訪れるのも面白いかもしれません。例えば、レストランの「エリテ」(住所 Eteläinen Hesperiankatu 22)、亡くなった俳優のマッティ・ペッロンパーが食べていたテーブルが未だにそのままにしてあります。また、コロナバー、カフェ モスクワは、カウリスマキが経営しているバーです。

カウリスマキ兄弟は、ミッドナイトサン映画祭として有名な、6月の白夜の時期に開催されるソダンキュラ映画祭にも積極的に関わっていますね。一度、行ってみたいと思っています。世界中の著名な映画監督や映画製作者が集まることでも有名ですが、何よりも、一日中日が沈まないので、24時間映画が観られるのですから。

NO.09
生活に溢れるアートとデザイン。

アートやデザインは、フィンランド人が気づいている以上に日常の生活の中に入り込んでいます。例えば、ムーミン。作者のトーベ・ヤンソン (1914-2001) は、イラストレーター、画家、コミック作家、小説家と、多岐にわたる分野で活躍した才能溢れるクリエーターです。私生活を共にしたのは、グラフィック・アーティストのトゥーリッキ・ピエティラでした。二人は LGBTQQ のロールモデルになっています。ムーミンの読者は、忍耐強いムーミンママから自分を守るミーまでの幅広いキャラクターの中から、自分が感情移入できるお気に入りのキャラクターを探すことができます。それが、ムーミンが長年に渡って、広く世界で愛されている理由の一つだと思います。

マリメッコもそうです。強靭で未来志向の強いアルミ・ラティア (1912-1979) によって 1951 年に設立されました。ラティアは、女性の身体を縛り付けている窮屈なコルセットから女性を解放したいと願い、新時代を生きる女性のために新しいパターンとデザインの工場を建てました。それは、女性だけでなく男性の解放にも繋がりました。よく知られているケシの花のプリント「ウニッコ」は、1964 年にマイヤ・イソラによってデザインされたものです。アルミ・ラティアが花柄は絶対にプリントしないと宣言した後でしたが、イソラは、どうしてもウニッコを世に出したかったのです。そして、私たちが知っている通り、マリメッコを代表するプリントになりました。

建築家でデザイナーのアルヴァ・アールト (1898-1976) は、フィ

Chapter1_よく知られているフィンランドのこと

ンランディアで有名な作曲家のジャン・シベリウス（1865-1957）や近年とみに注目を集めている画家のヘレン・シャルフベック（1862-1946）とともに、フィンランドで最も著名な人物です。アールトの家具は公立図書館から、美術館、カフェテリアに至るまでどこでも見かけます。有名な「サヴォイ」の花瓶は、どこの家にも必ず一つはありますし、未だに卒業式や結婚式のお祝いに贈られる人気の商品の一つです。

フィンランドでは、「タイムレス」という言葉をよく耳にします。時代が変わっても古くならず、逆に時代とともに新しい価値観も加わって味わいが増し、大切にされるという意味です。ムーミンもマリメッコにもアールトにも共通しているコンセプトだと思います。フィンランドには、家具や食器など、代々受け継いで使い続ける人も多いですね。

©iittala

©Marimekko

©Moomin Characters™

31

NO. 10
冬の飾り、ヒンメリ。

ヒンメリは、麦わらで作る幾何学模様の伝統的なフィンランドの冬の装飾です。食卓の上の天井から吊るして楽しみます。空気の流れを受けて静かに回転し、その影が作るシルエットも幻想的です。もともと、ヒンメリの語源はドイツ語の「空」を表す「ヒメル」に由来し、隣の国のスウェーデンからフィンランドにやって来たと言われています。ライ麦の藁を利用して、農閑期に作られ、大きなヒンメリを作れば作るほど、来年の収穫が大きくなると信じられていました。その後、クリスマスの装飾として定着しました。冬の時期の長くて暗い時間を過ごすとき、ヒンメリを見上げては、まるで太陽の光が天井から降ってくるように想像したのでしょう。

Photo : Katja Lösönen

Chapter1_よく知られているフィンランドのこと

子供の頃、祖父の家の天井から吊り下げられたヒンメリは、軽やかにエレガントに踊るように回っていて、なぜか触るのが怖かったことを思い出します。ヒンメリは、とても繊細なので、収納が大変です。ですから、冬の間だけでなく一年中、天井から吊り下げたままにしている家も最近は多く見かけます。

友人のエイヤ・コスキはヒンメリアーティストです。フィンランドの西部、ボスニア湾に面する町ヴァーサからそれほど遠くないマルトイネン村に住んでいます。ご主人のカリは135ヘクタールの畑を持ち、ライ麦、オーツ、小麦を育てています。エイヤは、カリの畑で取れるライ麦を干して、ヒンメリ制作に打ち込んでいます。エイヤの手にかかると、基本の八面体から展開した、多様な幾何学模様の美しいヒンメリが生まれます。

ヒンメリは、フィンランドの手作り文化の中でも独特の位置を保っています。伝統的には麦わらで作られますが、ストロー状の、真ん中に穴が空いている素材であれば何でも作れます。最近は、どんどんモダンな形も増えてきました。ヴァローナデザインのCEOエリナ・マンティラは、白樺の枝を使い、レーザーカットの技術で作り、モダンライフの魅力的なヒンメリを作っています。ヒンメリの形をしたイヤリングもあります。

日本にも、麦わらや竹を使って虫籠など作る手仕事があります。ヒンメリと共通しています。自然の素材を使っての手仕事は日本人も好きですから、日本にもヒンメリファンが増えています。エイヤは毎年のように日本に来てワークショップを開き、ヒンメリの輪を広げています。

NO.11

生まれてくるすべての赤ちゃんに
素晴らしい国。

ネウボラは、子供が生まれる前から小学校に上がるまでの成長をサ
ポートするシステムです。フィンランド福祉の目玉の一つです。「ネ
ウボ」は、アドバイスの意味なので、ネウボラは「アドバイスの場
所」となります。地域の保健士が、健康で安全な子供の成長と家族の
子育てを支えます。母親だけでなく父親も含めて、全ての人に等しく
正しい情報とケアを提供しています。家族は、お産にも選択肢がある
こと、生まれる瞬間に両方の親が立ち会うことや、それぞれの親の役
割がいかに大切かをネウボラで学ぶことができます。

もともと、ネウボラシステムは、1920年代に医者のアルヴォ・ユ
ルッポ（1887-1992）によってスタートしました。1944年には法制
化され、1949年までには、所得制限もなくなり、国中の全ての公共
団体がネウボラを実践するようになりました。

ネウボラは、赤ちゃんが誕生する時に、養子縁組をした赤ちゃんも含
めて全ての親にベビー・ボックスを無料で贈ります。その中には、小
さなハサミから、オムツ、着るもの、寝袋に至るまで64種類の必要
なものが入っています。両親からの要望も反映し、パッケージの中身
やデザインが、毎年少しずつ変わります。2018年のデザイナーはロ
ベルト・ロンクヴィストで、熊やオットセイ、象やキリンなどの動物
柄のテキスタイルをデザインしました。中身だけでなく、ベビー・
ボックスの箱自体も赤ちゃんの最初のベッドとしてデザインされてい
ます。

Chapter1_よく知られているフィンランドのこと

Hiroko このシステムによって、全ての赤ちゃんが平等な人生のスタートが切れる訳ですね。デザイン的にもよく考えられた、可愛いものばかり。見るだけで欲しくなってしまいます。現金支給も選択できるのですよね。

Susanna そうなのです。2018年から170ユーロ受け取れるようになりましたが、ほとんどの人が、特に第一子の場合は、ベビーパッケージを選ぶようです。ネウボラは、定期健診を受けることが大前提ですから、乳幼児の死亡率を低く抑えることにも貢献しています。我が家の場合は、二人ともベビーパッケージをもらいました。上の子の時は緑で下の子の時は黄色でした。箱自体もベッドとして使いました。床に敷いたマットレスの横に置くと、ちょうど良い高さで、夜中に泣く子をあやす時も起きないで済み、大変重宝しました。

Photo：Shoma Kosai ／ Gallery A4

Chapter 2
あまり知られていない フィンランドのこと

No. 12
英語が達者。
言語使い分けのエキスパート。

世界で 500 万人がフィンランド語を話していると言われています。フィンランド以外ではスウェーデン、ノルウェー、ロシアで一番話されています。フィンランド語は 8 つの母音と 13 の子音で成り立っていますし、英語の a や the のような冠詞が無いことが特徴の一つです。そして、日本語の「てにをは」のような助詞を言葉の後ろにつけるので、一つの言葉に 15 種類の言い回しが出来ることになります。これを聞くと、あまりにも複雑過ぎて到底無理と思われるかもしれませんが、流暢にフィンランド語を話す外国生まれの人もたくさんいます。

フィンランドの公用語はフィンランド語とスウェーデン語ですが、手話や 3 種類のサーミ語も国内で公的な立場を持っています。特にサーミ語はラップランドの特定地域では「準公用語」です。スウェーデン語は、フィンランドがスウェーデンの一部だった頃からの公用語でした。1809 年、スウェーデンとロシアの間に起きたフィンランド戦争により、フィンランドは、フィンランド大公国としてロシアの一部となり、1917 年の独立まで続きました。
19 世紀では、フィンランドの上流階級に属する人々が手紙や社交の場でフランス語を使い、軍隊で働く人は主にロシア語を使っていたそうです。現在、一番よく使われる外国語は英語です。人気のゲームやビデオで学ぶのか、小さな子供でも英語を使うことに慣れています。

Chapter2_あまり知られていないフィンランドのこと

Susanna フィンランド語と日本語は言語体系は全く違いますが、発音は日本語と似ている部分もありますね。子音と母音の組み合わせが共通しているからです。しかし、同じように聞こえる発音でも、フィンランド語と日本語では意味が全く異なります。例えば、「hana」は「花」でなく、フィンランド語では「水道の蛇口」、「maku」は「味」。「sora」は「小石」、「Ari」は男の人の名前で、「蟻」とは全く関係なしです。

Hiroko フィンランド語と日本語の同音異義語の話題は、パーティの時に、大受けする話題の一つです。奇妙な組み合わせを見つければ見つけるほど、座が沸きます。私は、1990年代の後半からフィンランドと仕事をしていて、もうかれこれ、30年近くにもなりますが、ここまで長いお付き合いになるとは、最初の頃は全く想像もしていませんでした。最初からコミュニケーションはもっぱら英語で、フィンランド語を習う努力を全くしませんでした。今になってみれば大きな、大きな反省です。

Susanna それにしても、何十年にも亘って年に数回はフィンランドで過ごしているのですから、ヒロコは、フィンランド人の心を持っているんではないですか？

Hiroko そう言っていただくと嬉しいです。

NO. **13**

寡黙で内気、
なのにタンゴとヘビメタ大好き。

フィンランド人がタンゴとヘビメタの両方が好きって信じられます
か? 特に、あの、寡黙で内気なことで知られるフィンランド人が情
熱的なタンゴ好き? でも、本当なのです。南米のアルゼンチンやウル
グアイのタンゴと違って、タンゴはフィンランド流に独自の発展をし
ています。

タンゴは、歌と踊りが一緒になった愛と熱情の表現。1913 年
の秋に最初に紹介されて以来、浮き沈みはあっても確実にフィ
ンランドに定着しています。1920 年代には、フォックストロットや
チャールストンといった流行りのダンスに押されて停滞気味でした
が、1960 年代には、ロックンロールやビートルズマニアに対抗して
人気がぶり返しました。その中心が、1985 年からセイナヨキで毎夏
開催されている、タンゴの一大イベント「タンゴマルッキナト」で
す。全国のタンゴファンが集結し、歌唱部門の優勝者にはタンゴ・ク
イーン、タンゴ・キングの冠が授与されます。

タンゴが愛と熱情であれば、ヘビメタは強い感情と深い思考のミュー
ジックと言えます。フィンランドには、世界的に有名なバンドが多く
存在し、「世界のヘビメタキャピトル」と言われています。Nightwish,
Children of Bodom, Apocalyptica, HIM and Lordi などが有名です。
Lordi は 2006 年のユーロヴィジョンコンテントで優勝しています。
ヘビメタにも、パワーメタ、デス（死）メタ、ブラックメタ、デュー
ム（運命）メタ、産業メタ、シンフォニックメタなどなど、いろんな
カテゴリーがあります。

Chapter2_あまり知られていないフィンランドのこと

 日本にもフィンランドのヘビメタファンはいっぱいいます。「フィンランドと言えば、何をイメージする？」と、知り合いの大学生たちに聞いてみたら、ヘビメタバンドの名前が次から次へと即座に上がって来ました。最初にタンゴを聞いた時はちょっとびっくりしました。歌詞の意味は分からないものの、メロディーや感情の流れが日本の演歌に似ている気がしました。それにしても、フィンランド人は歌が好きですね。一度、パーティの席で、日本チームとフィンランドチームの歌合戦になり、カラオケもギターも何もなしの完全なアカペラで、両方とも次から次へと譲らず、小一時間も歌合戦が続きました。みんなが共通して歌える歌を持っていることは、素晴らしいと思いました。楽しい思い出です。

ヘルシンキでは、真夜中に地元のヘビメタシンガーが声の限りを出して歌っているのが聞こえてくることもありますよ。

Photo: Tuomas Vitikainen

41

NO.**14**

ハーブ香る、人気のジン。

フィンランドのジンは、ライ麦をベースに、クミン、シトラス、白樺の葉、ジュニパー、セイヨウナツユキソウ、コケモモなど、地元で収穫された自然豊かなボタニカルやハーブの香りが詰め込まれています。ジン蒸留所の中でも、フィンランドの北西部イソキュロにあるキュロ蒸留所のナプエ・ジンは特に有名です。もともとはチーズ工場だったところを改造したそうです。良いアイデアはいつでもサウナで生まれると言われているように、設立者のミッコ・コスキネン、ミカ・ヘイニラ、ミーカ・リピアイネンたちも、サウナに一緒に入っている時に思いついたそうです。

ナプエ・ジンは 2015 年に国際ワイン、スピリッツコンペティションのジントニック部門で金賞を取って以来、ますます評判が高くなっています。賞を取ったレシピは、4cl ナプエ・ジン、12cl トニックウォーター、クランベリー、ローズマリー。私も好きです。みなさんも試してみてください。

フィンランドはビールも美味しいですね。私は日本ではあんまりビールを飲まないのですが、フィンランドに行くと、なぜか飲みたくなります。夏の季節の、湿気のない乾いた爽やかな空気の中で、気持ち良い風に吹かれながらビールのジョッキを傾けているのは最高の気分です。フィンランドで有名なビールのブランドは、Karhu（熊の意）、Koff、Lapin Kulta（ラップランドの金）、Karjala や Sandelsなどです。

Chapter2_あまり知られていないフィンランドのこと

Susanna 最近は、地ビールも人気です。ビールだけを作っている小さな工場がフィンランドには少なくとも 50 はあるそうです。ビールには古い歴史がありますね。最初に存在が確認されたのが、紀元前 4 千年のシュメール文明の時とか。昔のエジプトでもビールを醸造する技術を持っていたらしいのです。

Hiroko フィンランドの国民的な叙事詩『カレワラ』(1835 年出版)にもビールに関する一節があると聞きました。ビールに纏わる話は、昔から世界各地にあるようですね。

NO.15
すべての天候に対応、
フィンランド式ドレスコード。

フィンランド人は、どんな天候になっても対応できるように服装を揃えます。それほど、天気が変わりやすいのです。真夏にいきなり雹が降るなんてこともしょっちゅうです。しかし、フィンランドの人たちは、子供も含めて、いつでも出かけて行きます。嵐であろうと、大雪になろうと、雹が降ろうと、どんな天気でも出かけることを厭いません。服装のキーワードは、レイヤード、重ね着です。寒くなれば上に重ねる、暑くなれば脱ぐ。季節的にも、春に向かって太陽の光が強くなると、すぐに冬服を脱ぎ捨てて、夏のショーツやドレスに着替える。この天候や季節によって重ねたり、脱いだりの自由自在な服装こそ、フィンランド式ドレスコードです。

Hiroko フィンランドの保育園、幼稚園、小学校のどこを訪れても、子供たちの一人一人のロッカーには、長靴と帽子、レインコートが用意されていますね。どんな寒い日でも、少々の雨でも、子供たちは休憩時間になると外に飛び出して遊んでいます。毎日、最低1時間半は外で遊ぶことが奨励されているって聞いたことがあります。

Susanna どんな天気でも外に出て遊ぶ、それは大切な習慣として教えられています。大雪の日に、ベビーカーを押して散歩しているお母さんもよく見かけます。赤ちゃんもスヤスヤ寝ています。

Chapter2_あまり知られていないフィンランドのこと

NO 16
マイナーだけど人気のスポーツ、サウヴァカヴェリュ。

ちょっと妙だけどお手軽にできるスポーツがノルディック・ウォーキング（サウヴァカヴェリュ）です。ステッキを使って歩くだけ。バックパッカーやトレッカーは昔からやっていたことですが、1979年にスキーのオフシーズンのスポーツとして認知されて以来、ノルディック・ウォーキングは、だんだんと広まっていきました。特に、中年層から上の人たちに人気です。

コツは、身体全体を左右対称に動かすこと。単純にそれだけのことですが、効果は絶大。血液の循環機能、新陳代謝を高め、首や肩の凝り固まった筋肉を緩める。なんと、普通のウォーキングより46%もエネルギーを消費するそうです。

一見、カントリー・スキーに似ていますが、ノルディック・ウォーキングには、「スキー用具や凝ったスキーウェアが要らない」ところがミソ。動きやすいズボンと自分の背丈にあったステッキさえあれば、すぐに始めることが出来ます。その上、早く歩くことからレース用まで、歩き方のテクニックにもかなりバリエーションがあります。家族やご近所の人や友だちと一緒に歩くのも楽しいようです。スポーツと社交が一緒にできて、一石二鳥ってわけです。

ノルディック・ウォーキングの人気は、このところ、世界的な広がりを見せていますね。日本でも見かけるようになりました。

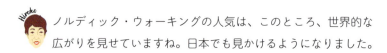

Chapter2_あまり知られていないフィンランドのこと

> **Susanna** 私はランニングの方を好みますが、ジムでトレーニングするよりは効果があるそうですから、これからもっともっと人気が出るかもしれません。

> **Hiroko** 日本であまり知られていない、フィンランドで人気のスポーツにフロアボール（サハリュ）があります。特に、小学生から高校生までの生徒が熱中しています。各地にクラブがあり、対抗試合もよく行われています。７０年代の後半にスウェーデンで火がついたようです。一チーム六人制で、穴の開いたプラスチックのボールをステックで相手のゴールに入れて得点する、ちょっとホッケーに似た競技です。選手交代が自由で、すごいスピード感。目が離せません。日本でもジワジワと人気が高まっているようです。

NO. **17**

メーデーの主役は、
なぜか労働者ではなく学生たち。

Photo: Anssi Koskinen

たまたま5月1日にフィンランドを旅していたら、どこに行っても町中、みんなが大騒ぎしていることに気づかれることでしょう。白い帽子を被った人、風船を持って歩いている人、公園でピクニックバスケットを広げている人、シャンパンやスパークリング・ワインを飲んでいる人、などなど、春が来た喜びでみんな大騒ぎです。飲んで、食べて、歌って、踊って、なんでもありのお祭り日、それがヴァップです。

ヴァップのお祝いは、春に畑を焼くことから始まったようです。レモンと砂糖、レーズンとドライイーストを混ぜて作った「シマ」という独特な飲み物を飲み、踊って、悪い精霊を追い出したそうです。しかし、最近は、学生と労働者を中心としたお祭りになりました。学生は学生帽を被り、オーバーオールを着て、パーティに繰り出します。オーバーオールの色によって、何を勉強したか、どんな学生団体に属していたのかが分かります。

ヴァップ前夜祭のハイライトの一つが公共の記念碑の前に白い学生帽を被りドレスアップして集まることです。ヘルシンキのマーケット広場の近くにある、女性の裸体像、ハーヴィス・アマンダ（ヴィッレ・ヴァルグレン作1606年）は、その集合場所として最も人気があり、当日は、学生たちで身動き出来ない程ごった返しています。それぞれの土地にも同じように学生が集まる象徴的な記念碑があります。

Chapter2_あまり知られていないフィンランドのこと

Susanna 典型的なヴァップのご馳走は、ポテトサラダとソーセージ「ナッキ」です。ポテトサラダは私が家でよく作る一品です。ジャガイモを茹でて小さく潰し、オリーブオイル、マスタード、レモンと黒胡椒で味付けします。上からケッパーときゅうりのピクルスをふりかけ、半分に切ったゆで卵を飾ります。パーティの時に、絶対にみんなに受ける一品です。

Hiroko ポテトサラダ好きもフィンランド人と日本人に共通しています。ヴァップの騒ぎを見ていると、じっと耐えた暗くて寒い冬を今年もやり過ごせたという喜びが爆発している気がしますね。

Photo：Ninara

NO.18

飲んで歌って大騒ぎの
ザリガニパーティ。

8月はフィンランドで一番陽気なパーティの一つ、ザリガニパーティ
の季節です。獲れたてのザリガニを茹でて山のように大皿に盛り、そ
の上からディルをいっぱいかけ、ザリガニを頭から足の先まで、そし
て、尻尾は殻を取って、余すところなくしゃぶって楽しみます。

一緒に飲むのは、ウォッカ、冷したコスケンコルヴァ。フィンランド
でどこの村に行っても、地元のコスケンコルヴァがあり、その名を冠
した博物館もあります。コスケンコルヴァの代表的な「フィンラン
ディア」の瓶は、フィンランドの伝説的なデザイナー、タピオ・ヴィ
ルッカラ（1915-1985）がデザインしています。

ザリガニを食べながら、コスケンコルヴァを飲みながら歌うのがシュ
ナップソングです。テーブルが殻でいっぱいになるまで、延々と歌い
ます。歌はフィンランド語であったり、スウェーデン語であったりし
ますが、一気飲みをするところがミソです。ちなみに、乾杯は、フィ
ンランド語でキッピス"kippis"スウェーデン語ではスコル"skål"
です。

Chapter2_あまり知られていないフィンランドのこと

♪ ほら、一匹丸のまま
ハプ　フォルデロル　ラララ
これ見てみろ、見事な丸ごと
ハプ　フォルデロル　ララ
丸ごと取れなかった輩は
半分も取れやしないよ
ほら、見ろ、この丸ごと
（コスケンコルヴァを飲み干して）
ハプ　フォルデロル　ララ ♪

Susanna みんな妙ちくりんな前掛けをして、まるで大きな赤ちゃんといった風情。満面の笑みを浮かべて、指を突っ込んで蟹肉を取り出したり、足に吸い付いたり、尻尾の大きさを自慢しあったり。大変な労力をかけるのに身はちょっとだけ。どうしてこれが楽しいんだろうと、子供の頃は全く理解できませんでした。

Hiroko このザリガニパーティ、日本の初カツオを待ち望むのとちょっと似ています。初物をみんなで競って食べて、季節を味わうのですね。ヘルシンキで出かけたレストランの隣の席で、大きな前掛けをして山盛りのザリガニを前に盛大にコスケンコルヴァを飲んでいる愉快な一団がいました。見ていてあまりにも楽しそうだったので、私たちも同じものを注文することにしました。でも、一人１ダースずつ頼んでも、身はほんのちょっぴり。その上、まぁ高かったこと、ザリガニはレストランで食べるものでなく、近所のみんなと食べるものってことがよーく分かりました。

NO. 19

お宝ぞくぞく、
魅惑のフリーマーケット。

フリーマーケットは宝物探しが好きな人にはたまらない所です。フィンランドの各地で、それも公園や駐車場、庭先など、いろんなところで開催されています。夏の風物詩でもあります。ぶらぶら歩いて覗いてみると、フィンランドデザインのガラスやカップ、お皿などの掘り出しものにきっと出会えます。世界中で愛されているフィンランドデザインの中でも、アラビア社のものは、普段使いの食器として何と言っても一番人気があります。ガラス食器では、アイノ・アールト(1894-1949) が 1932 年にデザインしたボルゲブリック・シリーズのオリジナルも人気です。

私もフリーマーケットの大ファンです。学生だった頃、たまたまオイヴァ・トイッカ (1931-) がデザインした小瓶を見つけて３つ買いました。今も家の窓枠にちょこんとのっています。

フリーマーケットで掘り出し物を見つけた時の嬉しさはなかなか言葉では表せませんね。新聞に包んでもらって大切に持って帰り、すぐに人に自慢したくなります。現金支払いですから、値段の交渉も楽しみの一つです。私はその深みに見事にハマってしまい、フィンランドガラスや陶器、テキスタイルの展覧会を企画してしまったほどです。

Chapter2_あまり知られていないフィンランドのこと

Susanna 見つけたものを箱の中や戸棚にしまっておくのではなく、普段に使って楽しめるところが魅力ですね。最近のアラビアの陶器は、デザインは国内であるものの実際の生産は海外で行われています。長年のファンによると、前よりも厚みが出て、その分重くて、陶器の表面に小さな空気の泡が見られるのもあるとか。ガラス製品はまだフィンランド国内で作られています。

Hiroko デザイン関連のものを揃えた骨董屋もありますし、現代デザイナーの作品はデザインショップで扱っています。デザインに興味がある人は、ヘルシンキの「デザイン・ディストリクト」を訪れることをお薦めします。予約すれば、著名なデザイナーのスタジオも訪問できることもあります。

Susanna アイノとアルヴァ・アールトによって1935年に設立されたアルテックは、家具、テーブル用品、カーペット、テキスタイルやランプなど、優れたデザイン作品を作り続けています。フィンランドデザインのクラシック中のクラシックです。

Photo: Susanna Pettersson

53

NO. **20**

美術館、博物館は、すべて徒歩圏内。

ヘルシンキには、歩いて行ける範囲に、幾つもの素晴らしい美術館が存在しています。まるでアートの宝箱のような街です。キアスマ現代アート美術館、ヘルシンキアートミュージアム HAM、アモス・レックス、ヘルシンキ博物館、国立アテネウム美術館など、みんな近い距離にあります。その上、それぞれの美術館が競って独自の面白い展覧会を企画展示していますから、美術館めぐりだけでも何日も楽しめるところです。

フィンランド人は基本的に美術館、博物館が好きです。美術館、博物館の一館あたりの人口比率は、世界一高いと言われています。どんなに小さな村にも必ずあります。個人コレクターが自分の情熱をかけて集めた作品を土台にしているものがほとんどですが、夏の間だけボランティアによって運営されている小さなところもあります。アーティストやクリエーターにとっても博物館、美術館は、インスピレーションの源、例えば、建築家のアルヴァ・アールトが一番気に入っていた博物館は、ヘルシンキのセウナサーリ野外博物館でした。各地方独特の木造の古民家が森の中にたくさん展示されています。

現代アート作品は美術館の中だけでなく、商業ベースのギャラリーでも見ることができます。一般の美術館と違って、ギャラリーは無料で入れます。ヘルシンキにもたくさんあり、ギャラリー・フォルスブロ (Lönnrotinkatu 5)、ギャラリー・アンハヴァ

Chapter2_あまり知られていないフィンランドのこと

(Fredrikinkatu 43)、ヘルシンキ・コンテンポラリー (Bulevardi 10) などは代表的な商業ギャラリーです。

Susanna 私はついこの間まで国立アテネウム美術館の館長でした。1887年に開館し、一時は美術学校も併設していました。その名前は、ギリシャ神話の知恵と技法の女神に由来しています。コレクションは、18世紀後半から60年代までのフィンランドを代表する作品を中心に約2万点。国内最多のコレクションです。中央駅からすぐのところにあります。私は子供の頃からアテネウムに通っていました。美術館の匂いや暗がり、床の感触などを今もよく覚えています。

Hiroko アテネウムに、子供たちがいつもたくさんやって来るのには驚かされます。ヘルシンキは美術館の多さから、アート・デザインが楽しめる街ですが、地方にも、わざわざそこを目指して行きたくなる良い美術館がありますね。例えば、ヘルシンキの北250キロの小さな町マンッタにあるセーラキウス・ミュージアム。製紙工場のオーナーの個人コレクションから始まった美術館ですが、2014年に施設が新しくなりました。車がないとなかなか不便な場所ですが、アートをゆっくり鑑賞するには理想的な環境です。

フィンランド国立アテネウム美術館

NO. 21
教育を受けるチャンスは誰にでも、
しかも無料。

フィンランドでは、教育を受ける機会を、誰にでも等しく無料で提供しています。そのことがフィンランドの教育が高く評価されている大きな理由です。中心となる教育内容は同じですが、地元のニーズに合った対応もされています。例えば、言葉への対応。フィンランド語、スウェーデン語、ラップランドで使われているサーミ語など、それぞれの地域の教育担当部署は地元の要求にそった対応を義務づけられています。ランチとおやつは無料、特別な食事への対応にも柔軟です。もちろん、安全な食べ物であることの確認もされています。

家族によっても異なりますが、一般的に2、3歳から幼稚園内にあるプレイグループに入ります。就学前教育は6歳から、小学校は7歳からです。子供が思う存分遊んで、いろんなことを想像する時間を持ち、同時に基本的な生活習慣が身につくようにするには、十分な時間が必要だと考えられています。7歳から16歳までの中等教育までが義務教育ですが、その後は、高等学校に進むか、あるいは、実務を伴う職業学校に行くなどの選択肢があります。高等学校を終えた90％以上が大学へ進み、勉強を続けています。

学校でランチが無料で提供されるのは、それ自体は素晴らしいことですが、昔の同級生が集まった時に盛り上がる話の一つに、嫌いだった給食のメニューがあります。私の場合は、夏のスープ（ケサケイット）でした。人参、エンドウ豆、じゃがいも、インゲン豆がミルク状に煮てあるもの。お〜、思い出すだけでゾーッです。一生、食べたくないものの一つです。

Chapter2_あまり知られていないフィンランドのこと

私がヘルシンキで子供時代を過ごした頃、7歳をすぎると家の鍵を首から吊るして、毎日夕暮れ近くになるまで友だちと自由に遊びまわっていました。ヘルシンキの街は、今だってそれは変わっていませんが、都会と言っても安全でした。子供たちが自由に街の中を歩いたり、自転車に乗っていました。

Hiroko　フィンランドの教育で羨ましいと思うのが、学ぶ時間を長く捉え、選択肢があるってことです。日本のように、一度小学校に入ったら大学まで、まるでエスカレーターに乗っているみたいに 次から次へと進学しなくても良い余裕がある点です。もちろん、高校を卒業して直ぐに大学に進む人の％が増えていますが、私の周りの友人の子供たちは、高校卒業後1年くらいは、単位に関係ない専門学校に通ったり、短期のコースに参加したり、旅に出たり、アルバイトをしてみたり、自分の将来をゆっくり考えようとする時間を持っているようです。

Susanna　教育は大きな重きが置かれています。教師になることも同じように奨励され、職業として目指す人も多いです。19世紀のフィンランドのアート作品の中には、社会階級にかかわらず、読書や書き物をしている場面を描いた絵画がたくさんあります。このことからしても、学ぶことは国のアイデンティティであるという、長い歴史があることが分かります。フィンランド語、スウェーデン語、そして少なくとももう1カ国語を学ぶことも義務づけられていて、そのことが、異文化に目を開いていく鍵ともなっています。

57

Alvar Aalto Museum Photo : Maija Holma, 2003

Chapter 3

典型的なフィンランド人はこんな人たち

NO. 22
「ご機嫌いかが?」の答えに悩む。

フィンランドの人に「ご機嫌いかが?」って尋ねてみたことがありますか? その答えは、アメリカ人みたいに、「気分は上々、あなたは?」と、紋切り型の返事が返ってくるか、あるいは、フィンランド流の答え、ライフストーリーから最近風邪を引いたこと、あるいは、今お腹がすいているか疲れていて、それはどうしてそうなったかにまで至る詳細な理由が返ってくるかのどちらかです。そのどちらかは、当然のことながら人にもよりますが、確かなことは、自慢話だけはフィンランド人の口からは決して出てこないってことです。フィンランド人は自分がいかにうまくやっているか、あるいはどれだけ幸せであるか、隣の家よりもずっとすごい車を買ったとか、投資がうまくいって儲かっているなどは、口に出すべきではないことだと思っています。

フィンランド語で「ご機嫌いかが?」はミタ クールー。もっとも一般的な答えの、「まあまあです」は、イハン ヒュヴァー。あるいは、「別に」「特に」「変わりなし」など、バリエーションはいくつかあります。どう答えるべきか? お定まりの答えをするのか?、あるいは、本当のことを言うのか? このテーマはフィンランドのウエッブ上でも喧々諤々、いろんなコメントが書き込まれています。しかし、みんなに共通している見解は、「自分のことを友だち以外にはあんまり言わない」ことです。また、一般的に、フィンランド人に何か質問したら、あやふやな答えではなく、極めて率直で正直な答えが返ってくることは確かです。

Chapter3_典型的なフィンランド人はこんな人たち

高校生の時にアメリカに留学した時こと。病院の受付で、「How are you?」と尋ねられた患者さんが、「Fine.」と答えているのを聞いて、「えっ？ 具合が悪いから診てもらいに来ているんじゃないの？」と、不思議に思ったことがあります。

「ご機嫌いかが？」の答えで、私が一番面白いと思ったのは、「Normal.」でした。なかなかの答えだと思いませんか。また、挨拶がわりに日本人はお天気のことを話すのが好きですが、これはフィンランド人も同じです。これも共通していることの一つですね。

Photo: Johanna Valjakka

NO. 23
ルールは守る、これが鉄則。

信号が赤の時、必ず止まるのか、あるいは車が来ていなければ信号を
無視して渡るのかは、お国柄や地方によって分かれます。フィンラン
ドは、完全に前者です。青に変わるまで待っています。信号が一つし
かない小さな村の交差点で、見晴らしが良くて車が全く走っていない
時だって、赤が青になるのを待っているのが普通です。

個人的には、私は後者。この間、ヘルシンキで赤で渡ろうとし
たら、おばあさんから叱られました。自転車の通路を歩いてい
た時も注意されました。

それは、単に信号の問題だけでなく、規則を守るかどうかと言
うことと関連しています。フィンランドでは、子供たちは赤の
時は絶対に渡ってはダメと教えられ、学校で信号の歌を習います。信
号の色を覚えるだけでなく、車が危ないので道路では遊ばないよう
にと教える歌です。私も子供のころよく歌わされたものです。「信号
機の子ども歌」（作曲ジョルジ・マルメステン 1955 年）も有名です。

生活習慣として身についているので、大人になって、車が来な
いと分かっていても赤で渡ることにどこか罪悪感を感じるので
しょうか。一般的にフィンランドの人は、ルールに従うことが身にし
み込んでいるように思います。

Chapter3_典型的なフィンランド人はこんな人たち

Susanna たかが信号であるにせよ、決まったことに対して簡単にスイッチをオンにしたりオフには出来ないって言う意識もあるのかもしれません。フィンランド人の魂の奥底にある何かと繋がっていることのような気もしますね。ところで、フィンランドの最初の信号は1951年にヘルシンキのアレクサンテリンカトゥとミコンカトゥの交差点に出来ました。1965年以前にはヘルシンキ市内に35箇所、1973年には151箇所に増えました。ちなみに赤で渡れば歩行者に20ユーロの罰金が課せられることになっています。まだ罰金を払わされた人を見たことはありませんが。

Photo：Julia Kivelä/Visit Finland

Hiroko ルールを大事にすることはフィンランドの免税店で買い物をした時にも感じることです。免税品だから、滞在中には使ってはいけないのは当然ですが、それを買物客に厳しく守らせようとするのか、商品を開けることが出来ないようにグルグル巻きにするのは、スカンジナビア諸国の中でも私の知る限りフィンランドだけです。商品を袋に入れて、ホッチキスで留めて、ご丁寧にその上からテープを少なくとも2箇所に貼って、免税品番号テープを付けて渡してくれるのです。どうしてここまでするんだろうと、いつもちょっと不思議です。

NO.24
玄関で必ず靴を脱ぐ。

フィンランドと日本には共通することが色々とありますが、その一つ
が、玄関で靴を脱ぐことです。よそのお宅に招かれた時も、必ず脱ぎ
ます。靴を履いたまま上がるのは相手の許可を得たときだけ、それも
何か特別の時だけです。予備の靴を持って行って、玄関で履き直すの
もよく見られる光景です。この、予備靴持参の習慣は、劇場やコン
サートホールでもよく見られます。

靴を脱ぐのは、全く現実的な理由からです。不安定でくるくる変わる
お天気が原因で生まれた習慣です。ホストは、雨や雪の中を歩いて来
た客人たちに泥や濡れを家の中にも持ち込んで欲しくない、客人も長
靴を履いたまま家に入るのも憚れるし、長靴を履いたままだと足が蒸
れて不快、その上、木の床を泥靴で汚したくない、傷つけたくもない
と言う配慮もあります。夏であれば、サンダルのままで上がってもい
いかと尋ねても良いですが、ここは日本人のように、玄関では靴を脱
ぐと決めて、自分の家であろうが他人の家であろうが脱ぐのが一番
手っ取り早いです。

Chapter3_典型的なフィンランド人はこんな人たち

Photo: Johanna Valjakka

Susanna 日本人のお宅にはスリッパが用意されていることが多いけど、フィンランドではそれはあまり見かけません。

Hiroko 冬にお宅に招かれて、玄関で手編みのソックスを、どうぞと手渡された時は、その心づかいがうれしかったです。部屋の中は暖房で暖かいけど、ちょっと足元が冷たいなって感じる日でした。その上、お土産にどうぞとも言われたので余計に。いただいたソックスは今も冬になると愛用しています。

NO.25
食べ物を決して残さない。

「食べ物を残してはいけません」と、子供たちは躾られて育ちます。それは、食べ物と作ってくれた人に対する感謝の念からです。自分でお皿に取った食べ物は残さないのが鉄則ですが、配膳されていた場合や、自分で取ったのでない場合は、残しても大丈夫です。

Susanna　この習慣は、フィンランドの歴史と深く関わっています。第二次世界大戦後のフィンランドは貧困の最中にあり、どんな食べ物も無駄には出来ませんでした。祖父母や両親の世代は、実に厳しい時代を生き延びてきたのです。食べるものを決して粗末にしてはいけないは、その時の教訓なのです。

Hiroko　食べ残しの問題は、今、循環経済の観点からも大きな問題です。フードロスは世界的に警告レベルの高さ 30% までに上がっているそうですから。

Susanna　食べ物が捨てられると、生産、輸送、販売のために使われたエネルギーが全て無駄になってしまいます。フィンランドでは、統計的に 4 億キロの食べ物が毎年破棄されています。これは、お金に換算すると、5 億ユーロにもなるそうです。作り過ぎや賞味期限を過ぎたもの、家庭から出た食べ物の廃棄が第一の原因です。この問題の解決には、毎日の買い物や食事の量を一人一人が気をつけるしかありません。例えば、テーブルのお皿の上の食べ物がみんななくなったのは十分に食べ物がなくお客様がお腹をすかせてお帰りになったので

Chapter3_典型的なフィンランド人はこんな人たち

はありません。逆に、それは、褒め言葉なのです。そう言う発想の転換が大切です。

🧑 *Hiroko* ところで、食べ物を残さないフィンランド人なのに、どうして、午後のお茶に招かれた時にデザートが一種類だけでなくてたくさん用意されているのでしょうね。甘いもの好きの私には大歓迎ですが、いつも不思議です。

🧑 *Susanna* それは、昔の習慣がまだ残っているのですね。昔はケーキやビスケットだけでなく、他にも手作りのデザートを作って出すことが、お客さまをもてなすことだと考えられていましたから。

Photo: Johanna Valjakka

NO.26
褒められると照れる。

久しぶりに会った友だちがセンスの良い格好をしていると、「あら、ステキなドレス、よくお似合いね」などと言うのは普通のことですが、そう言う時のフィンランド人の反応は、「あら、そう。でもこれ、随分昔に買ったものなの」とか、あるいは、「フリーマーケットで安かったのよ」と、妙に照れた反応が返って来ます。
フィンランド人は褒められると、なぜか照れるのです。それを素直に認めることがなかなか出来ない国民性のようです。仕事や勉強で素晴らしい成果を出した人を褒めても、「いやいや、それほどでもありませんよ。他の人だって同じように出来たはずですよ」との答えが返って来ることでしょう。

 褒められた時、素直に感謝したり喜ぶには、フィンランド人はまだまだ特別な努力がいるようです。昔の言い伝えにも、それを肯定するような格言があります。
「醜い人ほど、綺麗な洋服を着たがる」
「幸せな時でも、決してそれを表さないこと」
「謙遜は美徳」

 なるほど、自分のことをひけらかすのは品がないと思われていたのですね。

Chapter3_典型的なフィンランド人はこんな人たち

Photo: Johanna Valjakka

Susanna 平等主義の考え方に基づいているのかもしれませんが、なかなか現在には馴染みませんね。しかし、幸いなことに、時代は変化しています。若い世代は、素敵ねと褒められたり、「よくやった」と褒められれば、嬉しそうにしていいと思っています。

Hiroko 私も洋服を褒められた時に、「もう何十年も着ているのよ」と事実を言っただけなのに、「あら、その言い方、まるでフィンランド人みたいね」と言われたことがあります。

NO. 27
自分の国がどう思われているのか
気になって仕方がない。

フィンランド人は、自分の国がどう思われているかを気にする傾向が
あります。外国から来た人に、自分の街や、文化、デザイン、食べ
物、景勝地などについての感想をよく尋ねますが、相手からお褒め
の言葉が返ってくると、今度は「えっ、本当？」と逆に照れてしまい
ます。

国連が発表した「世界の幸福度ランキング」（2018年）によると、
156カ国の中でフィンランドは世界で一番幸せな国に挙げられてい
ます。所得、健康と寿命、社会支援、自由、信頼、寛容さ、GDPなど
を人口全体の比率で幸福度を分析したものです。その国で生まれ育っ
た人だけでなく、移民の人も対象に入っています。その結果、フィン
ランドは、社会や政府に腐敗したシステムが蔓延することなく個人の
人生を自由に選択することができる国、信頼に基づいた安全な社会と
のお墨付きが付いたのです。

この結果が発表された時、フィンランド人の最初の反応は、「えっ、
世界で最も幸せな国？ そんなはずはないよ」でした。これは、フィ
ンランド人の典型的な反応と言えます。褒められると照れる。嬉しい
けどそれを素直に表さない。学校教育が世界ランキングで高く評価さ
れたときも同じ反応でした。

Chapter3_典型的なフィンランド人はこんな人たち

　Hiroko 私の友人の反応も、「そんな実感はないわね。初夏の頃であれば、みんな幸せそうで、そう思われるかもしれないけど、冬、特に 11 月は暗くてまだ雪も降らなくて、人々の表情も険しくなる。世界で一番幸せな国であるなんて、とても言えないはずよ」でした。

　Susanna 面白いことに、アイスホッケーがワールドチャンピオンで勝つと、みんなもう大騒ぎするのです。勝利を祝ってどんちゃん騒ぎ。町の広場は、大声で歌うファンで大騒ぎになります。しかし、世界ランキングに対しては、「えっ、この国が？ そんなはずがない」なのです。と言っても、若い世代の反応は変わって来ました。自分たちが成し遂げたことをもっと素直に喜んでいると思います。個人的には、その方よっぽど健全だと思います。

Photo:Harri Tarvainen/Visit Finland

NO. 28
無口は美徳。

フィンランドで無口は美徳です。言いたいことが見つからない場合は、黙っていて良いのです。あえて何か言おうとする必要はありません。これはフィンランド文化の基本中の基本です。夕食の席や社交の席で、四六時中話している必要はないのです。黙っていることは良いこと。「沈黙は金、口をきくのは銀」と言う格言があるほどです。

公の場でも同じです。講演の後、聴衆に向かって質問がありませんかと尋ねた時、手が上がらないことは普通です。誰も、競って質問しようなどとは思いません。だからと言って、質問がないわけでもないのです。講演が終わった後、講演者に近づいて、個人的に質問するのがフィンランド方式です。他の人が聞いていない状況で個人的にこっそりと。

 これは日本でもそうです。共通していますね。

沈黙は、小説や映画でも大きな要素です。恋人に愛情を伝える時でも、口に出したりするのでなく、捧げる詩を書いたり、具体的に何かをすることによって間接的に伝えようとします。これは、友人が話してくれたのですが、フィンランド人の男性は、好意を表す時に、「コーヒーを一緒に立てませんか」などと言うそうです。でも、本当かどうかちょっと疑わしい話ですね。

 私は時としてサービス精神過剰になる傾向があって、知り合いの人と席が隣になったりすると、ついつい、話をしなければと

Chapter3_典型的なフィンランド人はこんな人たち

の脅迫概念にとらわれてしまうのです。特に、アメリカに行くとよりそうなります。だから、その必要のないフィンランドは本当に気楽です。黙っていても気まずくないのは、本当にありがたいです。

Susanna 沈黙は金なりと言えば、以前に京都の宇治で、お茶を作っている職人さんを尋ねた時のことを思い出します。突然訪問した私たちに静かに丁寧にお茶を入れてくださったのです。そのお茶がとびきり美味しかっただけでなく、「お茶は木です。80過ぎてもまだ修行中です」とおっしゃったことに非常に感銘を受けました。帰りのタクシーの中では、誰一人言葉を発せずに、一人一人、その豊かな余韻を黙って心の中で楽しみました。

Photo: Johanna Valjakka

NO.29
時間厳守、有言実行が当たり前。

フィンランドの社会で一番大切なことは信頼関係です。何かを約束したら、必ず、実行します。「ランチをご一緒に」と言われたら、リップサービスでなく、本当にランチのお誘いです。心にもないことをその場しのぎで口に出すことはしません。有言実行、口に出したことを実行するのは、公私の場を問わず、当然のことです。

このことは、フィンランドの音楽、演劇、映画、小説のヒーローやヒロインにも反映されています。正直で誠実、口に出したことは必ずやりとげます。

そして、時間厳守。1時に会おうと言ったら、5分か10分後ではなく、きっちり1時です。時間に遅れるなんてとんでもない、時間を守らないとムッとします。これはフィンランド人と付き合う上で、絶対に覚えておいた方が良いです。

Hiroko お恥ずかしながら、私はよく遅刻するんです。あるいは、ギリギリに滑り込みセーフ。だから、フィンランドに行くと、打ち合わせ時間厳守にすごく気をつけています。一般的に、ギリギリではなく早目にが鉄則ですよね。

Susanna ヘルシンキで待ち合わせ場所の人気トップは、アレクサンテリンカトゥに面したストックマンデパートの正面玄関、「ストックマン時計」の下です。1929～30年にかけて、シグルド・フロステルス（1976-1956）設計のデパートが出来て以来、今だに人気があるところです。

Chapter3_典型的なフィンランド人はこんな人たち

Photo: Johanna Valjakka

Photo : Juho Kuva/Visit Finland

Chapter 4
自然との付き合い方

NO.30
心がざわざわしてくると、森に行く。

森には象徴的な意味合いがあります。フィンランドの民族叙事詩「カレワラ」によると、森は男神のタピオと女神のミエリッキが治めていて、正しい呪文の言葉を唱えると、ベリーやキノコ、ハーブや野生の動物を恵んでくれると伝えられています。フィンランド人にとって、森は喜びの時も悲しみの時も、戦争の最中でさえ安全な隠れ場所でした。そして、冒険的な出会いがある場所でもありました。

Susanna 19世紀の風景画には森を描くのに、二つの流れがありました。人間がいっさい手を触れなかった自然をそのままに描く流れと、人間と自然のバランスが描かれている流れの二つです。後者には、人間の生活、例えば、小屋の煙突から煙が上がっている様子や、耕された畑で牛や羊がいて、農作業をしたり、そこにただ佇んでいる人々の様子など、人間の生活が自然の中に入った様子が描かれています。自然に対する哲学観の違いが作品に反映されている訳です。

Hiroko フィンランド人にとって、森での体験はウェルビーイングと深く結びついていますね。森は心を落ち着かせるところ、インスピレーションや自分自身を取り戻すところ。最近の脳リサーチによっても、森林浴はヒーリング効果があると言われています。

Chapter4_自然との付き合い方

Susanna　私も疲れたり、心がざわざわしてくると、まず森に行きます。歩き疲れたら、ちょうど良い岩や木の切り株を見つけてひと休み。そうしているうちに森に慰められて、帰りの道には気持ちが明るく楽になっています。

Hiroko　友人の一人に、春になって雪が溶けると、ちょっと遠回りしてでも森の中を抜けて仕事に行くという人がいます。森の中の安心感といえば、ヘルシンキ郊外で友人たちと一緒にキノコ狩りに行った時のことを思い出します。5、6人のグループでしたが、それぞれが、森の中で夢中になってキノコを探しながらも、ちょうど良い距離感を保ちながら森の中にいる一体感を感じました。ふわふわの苔を踏んで進むうちに湧き水の深みにハマりそうになり、友人がすぐに飛んできて掬い上げてくれたことも楽しい思い出です。そして、森の中にある公共のグリルで、採れたキノコをソテーして食べました。

Photo: Susanna Pettersson

Photo: Susanna Pettersson

NO. 31
誰もいない島で暮らす、それが最高の贅沢。

フィンランドには群島がたくさんあります。島に移り住み、お天気に左右されながらも、風に吹かれて慎ましい生活を送るのは、みんなが願い描くロマンチックな夢です。特に見捨てられてしまった島や誰も住んでいない島だったら最高です。実際に、そんな島に住んでいる人たちもたくさんいます。

フィンランドの群島の中でもよく知られているのが、トーベ・ヤンソンとパートナーのトゥーリッキ・ピエティラが過ごしたクルーヴハルです。フィンランドで２番目に古い町、ポルヴォーの近くです。トーベの弟のペル－オロヴによると、トーベとトゥーリッキは、その岩ばかりの島で、魚を釣り、泳ぎを楽しみ、ペル－オロヴが作ったダイビング・スーツもテストしたそうです。何よりもトーベは、そこで執筆活動に勤しみました。島での生活が小説の中にもたくさん反映されています。

クルーヴハルに行ったことがあります。歩いて５分もあれば一周できるほどの大きさで、トーベとトゥーリッキの別荘が１軒ぽつんとあるだけの島でした。二人だけで海と向き合って暮らす生活。トーベとトゥーリッキは、その生活を好み、一年の内、真冬を除いては天候が許す限り長く滞在したそうです。トーベが執筆した小さな机は窓際にあり、窓の外は広い海が続いているばかりでした。

トーベ・ヤンソンは、画家、イラストレーターだけでなく優れた短編を多く残しています。私の一番のお気に入りは、1971

Chapter4_自然との付き合い方

年に書かれた「リス」です。女性作家が一人で暮らす孤島に、ある日リスが流れ着いて、最初は不侵入者に過ぎなかったのが、生活の場を共有するうちにある種の関係性が生まれてくるというストーリーです。

Hiroko 初めて読んだ時、そこに登場する作家の強靭な精神力と暮らしぶりに圧倒されてしまいました。自分には決して出来ないと思いながら読みました。そして、朝昼晩に作家が飲むと書かれていたマデイラ酒が美味しそうで、読み終わって、早速と近所の酒屋に買いに走りました。

Susanna 孤島に生きる、それは、最低限必要なものだけに囲まれて生きることです。生活の中から余分なものを削ぎ落として行くと、センスが研ぎ澄まされて、重要なことだけに価値を見出して行くことが出来ます。そうやって本物を発見して行く。それは、生きるための知恵の一つだとも言えます。

Photo: Michiyo Okabe / Gallery A4

83

NO.32
水辺の楽しみ、岩の不思議。

フィンランドは湖の国、ヘルシンキからラップランドまで青く水をたたえた湖が20万個近くあります。それは、氷河期に、誰かが北西から南東へ斜めの線に沿って地表を削り、小さな穴や大きな穴を途方もなくいっぱいあけたようにも見えます。

湖には、地方独特の名前がつけられています。地元に伝えられている民話や伝説に基づいた名前もあります。それだけフィンランド人は湖に特別な思い入れがあるようです。一番大きな湖はスールサイマー で、4380㎢です。パイヤンネ湖は1081㎢、オウルヤルヴィ湖は893㎢、イナリンヤルヴィ湖は1084㎢です。湖の深さはなく、だいたい7メートルくらいです。

Susanna フィンランドには大きな岩もあちらこちらに存在しています。子供たちにとっては絶好の遊び場です。大きな岩を見たら、ついつい登りたくなるのが子供ですから。巨大な岩にはおとぎ話が付きものです。1870年にアレクシス・キヴィ（1834-1872）が書いた小説「7人兄弟」の中には、怒り狂った雄牛の集団に追いかけられた兄弟たちが巨大な岩の上に命からがら逃げて身を守る場面があります。

Hiroko 「7人兄弟」は、フィンランド語で書かれた最初の有名な小説ですが、両親を亡くした12歳から25歳までの7人の男兄弟が成長して行く物語です。数々の試練に遭いながらも、最後には読み書きまで学び立派な社会の一員になって行く様子が書かれています。当時の農場のことや森や湖の暮らしの様子もよく分かります。

Chapter4_自然との付き合い方

Susanna 子供の頃、湖の浅瀬で逆立ちすることが大好きでした。湖から二本の痩せた足が見えると、ああ、またスサンナが逆立ちしているって言われていました。

Hiroko 相当なお転婆だったんですね。湖の数と人口を単純に比例してみれば、30人に一つは湖がある計算になります。そして、湖のそばにはサウナがある。フィンランド人の生活は、森と同じように、湖が与える恵みにも大きな恩恵を受けています。

Photo: Johanna Valjakka

NO. **33**

苔のふわふわ感は、
おばあちゃんのイメージ。

おばあさんのムンミが子供たちによく歌って聞かせる歌の一つが、リスの歌です。作詞は、「7人兄弟」を書いたアレクシス・キヴィです。子供たちに人気のある歌の一つです。

♪苔で作った巣に
小さなリスが気持ちよく横たわっている
そこは安全。
襲ってくる犬の牙も猟師の罠もここまでは決して届きはしない

尻尾を動かしながら眠っていると
小さな窓から空飛ぶ鳥のさえずりが聞こえてくる
そして日が暮れると、
一緒に夢の国へ連れて行ってくれる♪

Chapter4_自然との付き合い方

Susanna　柔らかい苔で木の上に作られたリスの巣は世界一安全な場所。おばあちゃんも温かくて気持ちが良くて、一緒にいると何よりも心から安心できる存在。おばあちゃんと苔のイメージが一緒になって、苔が大好きです。ゼニゴケ、ツノゴケ、うちの庭にも苔がいっぱい生えています。苔の美しさにすっかり魅了されています。
日本庭園では苔を大切にしていますね。お寺の庭に、「立ち入り禁止」の札が立ててあるのをよく見ます。苔の上を踏んで歩いてはいけない日本と違い、フィンランドの森には苔がいたるところにあるので、踏まないで歩くことの方が難しいのです。

Hiroko　日本では、苔を踏まないことが身についているので、フィンランドの森で苔を踏みながら歩くのは、最初のうち、すごく抵抗がありました。しかし、一度苔の上を歩いてみると、まあ、何てふわふわで気持ち良いのでしょう。あの独特の感触は、一度味わうと、病みつきになってしまいますよ。

Photo：Elina Sirparanta/Visit Finland

NO.34
森の恵みは、みんなのもの。

フィンランドでは、誰でもどこでも公園や森に入って、自然の恵みを
享受することができます。森のベリーやキノコはみんなのもの、自由
に採ることが出来るのです。春はキノコの季節の始まり、最初にアン
ズダケやジャグマアミガサタケが出てきます。ジャグマアミガサタケ
は、まるで脳ミソのような形をしていますので、森の中ですぐに見
つけられます。毒キノコの一種ですが、何回かよく沸騰させると
食べられます。
フィンランド版のポルチーニは、本場のイタリアに逆輸入されるほど
美味しいと言われています。大きいのになると、1キロもあるものも
あり、ヘラジカ、トナカイ、アライグマと言ったジビエと一緒に料理
すると、最高です。
森の恵みは、ベリーやキノコだけではありません。イラクサや新芽の
タンポポも人気がありますし、トウヒも美味しい！

Susanna
ベリーは私もよく摘みに行きます。そのまま食べたりヨーグル
トや蜂蜜をちょっとかけたり、パイを作ったり。みんなのもの
と言っても、公園の花を摘むのはお行儀よくありません。子供の頃、
公園の花を積んで、母からひどく叱られました。

Hiroko
ゴム製のしっかりした長靴、キノコを切り取るナイフ、キノコ
についている泥や土を払うブラシ、バスケット、これがキノコ
狩りに行く時の必需品です。そして、持って行った方が良いのが、キ
ノコ図鑑。採集したキノコが毒キノコかどうかのチェックも出来ます

Chapter4_自然との付き合い方

し、何よりもキノコのことを知ることが出来ます。もちろん、キノコスペシャリストと一緒に行くのがビギナーにとっては、一番安心ですが。

キノコがたくさん採れた年には、干して乾燥させて保存します。ご近所にお裾分けしたり、きれいな容器に入れてお土産にしたりします。キノコシーズンに入ると、近所に住む友人からは、「今朝、アンズダケはみんな採ってしまったから、後で行ってももうないわよ」なんて、メールが届くこともあります。

NO. 35
最強のモンスター、それはマダニ。

虫や動物で怖いと言えば、毒ヘビや毒クモ。マラリアをもたらす蚊。もちろん、ライオンやトラのそばには絶対に近づいてはいけないってことくらいは誰でも知っています。フィンランドで怖い生き物と言えば、毒ヘビのヨーロッパクサリヘビです。ヘビは攻撃的ではありませんが、踏まれたり脅かされたりすると、噛みつきます。ヘビが多い場所では、外で遊ぶ子供には必ず長靴を履かせます。

ヘビ以上にフィンランドで恐れられているのは、マダニです。脳膜髄炎、ライム病と言った危険な病気の感染源です。ただ怖がるだけでなく、それを防ぐ方法を知っていることが大切です。公園や森に行って戻ってきたら、まず身体をチェックして、もし噛まれていることが分かったら、噛まれたところのまわりを指でぐるぐるなぞると、マダニが頭を出してきます。その頭を親指と人差し指でしっかりつかみ、ぐるっと捻って引っ張ると、ダニの身体も一緒に出てきます。

Chapter4_自然との付き合い方

Susanna ダニは何億年も前から生存している生き物であること、知っていますか？ 9千9百万年前の琥珀からダニの化石が見つかっています。私も最近知って驚きました。

Hiroko フィンランド人は、森が好きだけでなく、森の中でのリスクもよく知っていますね。一緒にトレッキングしていると、「あっ、これは狐のフン、まだここを通ってからあんまり時間が経っていない」、「朝、ヘラジカが2頭、いたよ」、「これはウサギの足跡」など、すぐに気づいて教えてくれます。また、木の葉っぱや植物、食べられるものとそうでないもの、薬草になるものなどの知識が深いです。キノコに関しても、一家に一冊、キノコ図鑑があります。ある時、一緒にランチを食べていた友人の携帯に電話がかかってきて、彼女は慌てて、図鑑を取り出して調べ始めました。電話の相手は、病院の緊急病棟からで、運ばれてきた子供の食べたキノコが毒性かどうか教えてくれとのことだったそうです。地元のキノコ博士として、そういう相談にも乗っているそうです。森や湖へ一緒に行って楽しむだけでなく、そこにいる生き物、植物や動物のことをよく知っていることも、フィンランドの友人と一緒にいる時の安心の一つです。

NO. 36
ロマンチックな冬の楽しみ、
スノー・エンジェル作り。

冬になると、子供も大人も積もった雪の上に寝転んで、スノー・エンジェルを作ります。公園や森の中、海岸沿い、雪があるところならどこでも作れます。作り方はいたって簡単。雪の上に寝っ転がって、自分の腕と足でエンジェルの羽根とスカートを作れば出来上がり。

Susanna スノー・エンジェルは作りの一番肝心なことは、出来上がったスノー・エンジェルを壊さないように立ち上がることです。踏みつけないように、用心して立ち上がるのがコツです。誰かに引き上げてもらえれば、エンジェルが完璧な姿で雪の上に残るので、それが一番です。

Hiroko 極夜に、サウナに入って、汗を垂らしながら外に出て、真っ黒な空を見上げながらスノー・エンジェルを作るなんてちょっと面白そうだと思いませんか？ まだ、私はトライしたことはありませんが、いつかやってみたいです。

Chapter4_自然との付き合い方

Susanna　それはなかなか良いアイデアですね。フィンランドで一番嫌われている月が 11 月です。南に位置するヘルシンキでも、寒いだけでなく、日照時間が極めて短くて、雪もまだ降らずに暗いからです。まるで暗い中に閉じ込められたような気分になります。ですから、雪が降るとパッと明るくなるので嬉しくなってしまうのです。スノー・エンジェルを作りたくなる気持ちもその嬉しさの表れです。

Hiroko　ラップランドのイヴァロに住む友人を訪ねた時のこと、家の玄関に続く小道に、大小のバケツに水を入れ凍らせて作ったキャンドル立てにろうそくが灯され、それはそれは美しかったです。まるでおとぎの国にやって来た気分にもなりました。スノー・エンジェルもそうですが、厳しい冬を楽しく過ごす工夫はいろんなところに見られますね。

Photo：Harri Tarvainen/Visit Finland

NO.37
地震なし、頑丈な地盤。

フィンランドは、頑強な岩で出来ている国です。ラップランドと東の地方の岩は31億年から27億年前に、中央や南は19億年から18億年前に作られたと言われています。一番深い岩の層は中央部に位置し、地下65キロメーターにまで達しています。ですから、フィンランドには地震がありません。

岩のほとんどが花崗岩から出来ています。色は灰色か赤色、たまに白いのも見られます。海や湖に行った時、小石を拾って、岩の上から石投げをしてみるのもフィンランド人の楽しみの一つです。

Hiroko フィンランドは堅い岩盤の上に位置しているだけでなく、地表近くまで岩盤が出ています。それを利用して収納倉庫やシェルターも作られています。ちなみに、首都ヘルシンキのシェルターは、市の人口より約10万人も多い70万人を収容できる規模と言われています。平常時には駐車場やスポーツセンター、通路、連絡路、倉庫、屋内プールとして利用され、地下鉄駅も、いざとなれば、シェルターになるそうです。

Susanna タンペレとラウマの間のラッピ地方に、ユネスコ世界遺産の花崗岩遺跡サンマルラハデンマキの石塚があります。3千年も前の青銅器時代のものです。

Hiroko 鉱石に興味がある人は、ヘルシンキにある自然博物館に行くと隕石も展示されています。

Chapter4_自然との付き合い方

| COLUMN ❶ | 知っていればフィンランド通？

NO.38
一つの単語に6つの意味がある、
不思議なフィンランドの言葉。

Kuusi palaa
クーシ パラー

クーシ kuusi には「トウヒ」、「6」、「君の月」と3種類の意味があり、パラー palaa には、「個」、「燃える」、「戻る」と、これも3種類の意味があります。従って、クーシ パラー Kuusi palaa には、シチュエーションによって、以下の9つの意味が考えられます。

1、The spruce is on fire = Kuusi palaa ……………… トウヒが燃えている。
2、The spruce returns = Kuusi palaa ……………………… トウヒが戻る。
3、The number six is on fire = Kuusi palaa ……… 6番が燃えている。
4、The number six returns = Kuusi palaa ……………… 6番が戻る。
5、Six of them are on fire = Kuusi palaa ………… そのうちの6つが燃えている。
6、Six of them return = Kuusi palaa …………………… そのうちの6つが戻る。
7、Your moon is on fire = Kuusi palaa …………… あなたの月が燃えている。
8、Your moon returns = Kuusi palaa ………………… あなたの月が戻る。
9、Six pieces = Kuusi palaa ……………………………… 6個。

トウヒ（唐檜）は、マツ科トウヒ属の常緑針葉樹。寒さと酸性の土壌に耐性が高いため、寒くて土が痩せている北欧の環境に適しています。

Photo : Julia Kivelä/Visit Finland

Chapter 5
人とのちょうど良い距離感

NO. 39
私の家族、犬のジティ。

 ウチの犬のジティ目から見てみれば、ウチの家族はこんな感じだと思います。

Photo：Emma Valjakka

『お父さんのティモは、家で仕事をしています。専門はアート、いつも書斎で書き物をしています。毎日、何回か、私を散歩に連れ出します。一緒に散歩しているうちに考えがまとまることがよくあるようです。

ヨハンナは高校の卒業試験を終え、今は、台所で読書をするのが好きです。友だちを家によく連れてきます。彼女の友人たちはみんな感じが良いの

で、いつでも大歓迎です。ヨハンナはベッドで私と一緒に寝るのが大好きです。

エンマは、休暇は家で過ごしますが、それ以外は、ロンドンの大学で勉強しています。以前に私は家族と一緒にロンドンに住んでいましたから、ロンドンは私の第二の故郷です。ロンドンの家には広い庭があり、自由に走り回っていました。懐かしいです。

スサンナは母親ですが、仕事で家を留守にすることが多いので、彼女が帰ってくると、ついつい嬉しくなって飛びついてしまいます。出張から帰ってくる時だけでなく、いつだって彼女が帰ってくると、玄関で飛びつきます。

これが、私の心から誇れる自慢の家族です。そして、この家の主人はもちろん私です。』

ジティは自分のことを犬だとは思っていない感じですね。この間、夕食にお招き受けた時、食堂から居間に移動してからは、まるでジティが場を仕切っている感じでしたから。私はどちらかと言うと、猫派です。猫の気ままなところが気に入っています。ウチにいた猫たちは長生きで、二代目と三代目の猫は、二匹とも 20 歳を超えても元気でした。そして、二匹とも、自分の死期を私たちに見せずに、ある日忽然と消えてしまったのです。マンションの 3 階に住んでいましたし、二匹とも老衰の激しい身体で、1 階まで飛び降りたとは思えないのです。それ以来、私たちは今もずーっと探し続けています。

NO.40
お祝い事は必ず大切に祝う。

お祭りや行事は必ずお祝いしましょう。誕生日、クリスマス、イースター、夏至祭、最近ではハロウィーンも人気です。お祝いにはその季節の装飾とご馳走がついてきます。クリスマスにはクリスマス・ツリー、これは19世紀の前半からの習慣です。イースターには木の枝にカラフルな羽根を飾り、イースター・エッグでお祝いします。夏至祭には水辺で焚き火（コッコ）を炊き、ハロウィーンにはかぼちゃで作るオブジェ、誕生日にはいつも何かしら驚きがあります。もちろん、ケーキはマストですが。

Susanna 娘たちが小さいころロンドンに住んでいて、ハロウィーンは、それ以来、我が家の行事に加えられました。5月1日のヴァップも格別です。高校卒業試験にパスしてもらった、白い学生帽をかぶって、高校生たちは大はしゃぎです。

Hiroko 日本ではお正月やお盆などの大きな行事に加えて、夏祭りや秋祭りのように、地域のお祭りもあります。お彼岸やお月見などの季節ごとの行事や、クリスマスやバレンタイン、ハロウィーンもありますから、一年を通じてお祝いや儀式はいっぱいあります。忙しさにかまけるのでなく、一つ一つの行事やお祝いごとを丁寧に過ごすのは、日々の暮らしの中で昔からの伝統が続いていることを実感する時です。忙しいから出来ないという口実は通用しませんね。おろそかにすると、自分の生活の中から何か大切なことが失われて行くように感じることになりますから。

Chapter5_人とのちょうど良い距離感

引っ越しがクリスマスの時期と重なって、究極の策として、1週間前にお祝いのパーティをしたことがあります。それで気持ちの上で納得が行き、クリスマスの当日はゆっくり過ごすことが出来ました。お祝い事だけでなく、お葬式も大きな意味を持ちます。故人をみんなで偲び、悲しみを分かち合うことは残された者にとって必要なことです。大切な友人の葬儀で、奥さんが「彼を失った悲しみは測り知れないけれど、彼を思って笑うことも忘れないで」と挨拶したことが強く心に残っています。

Photo：Susanna Pettersson

NO. 41
不満のガス抜きも、
前向きへの一歩。

前向きに生きるかどうかは、それはあなた次第です。いつも何かに不満を持っている人は、うまく行かないことを全て人のせいにしがちです。そう言う人にとって、人生の苦渋は誰かのせいで起きたのであって、自分が原因だとは決して思っていないのです。そしてそういう人は、うまく行かないことを見つけては、いつも苛立っています。

この現実をアート作品に仕立て上げたアーティストがいます。オリヴェル・コチターカッレイネンとテッレルヴォ・カッレイネン。二人でヴァリトゥスクオロ「不平合唱団」と言う作品を作りました。内容は至極簡単。参加する人々の日常の不満をぶつけてもらい、それを歌に仕立て上げたのです。

Chapter5_人とのちょうど良い距離感

Susanna　東京公演は 2009 年に六本木ヒルズの森美術館でありました。生活の不平不満、例えば、時間通りに来ないバス、ノロいエスカレーター、クリーニング屋から戻ってきた汚れが取れていないままの洗濯物、仕事中に隣で爪を切る人、周りのいい男はみんな結婚している、などなど。些細な苛立ちから人生や社会、政治の問題までを歌にしたわけです。これはガス抜きとしても大変効果的でした。大きな声で歌って、はき出すだけで物事をポジティブに変えることができると気づかせてくれたのです。こういうアプローチも素晴らしいですね！アートの一つの力です。

Hiroko　私が気に入っているセリフは、「鼻いじった手でつり革触るな、どうして今日が雨なんだ、電車の中で化粧するな、揺れて揺れて失敗すればいいのに」です。この合唱団で歌っている人だけでなく、それを聞いている人たちも、一つ一つの科白についつい笑っていたのが印象的でした。

ヴァリトゥスクオロ「不平合唱団」http://www.av-arkki.fi/teokset/valituskuoro/

105

NO.42

正直に話し、隠し事をしない。

話すのが難しいことをあえて口に出す、これはなかなか出来ません。特に、悪いニュースを伝えたり、職場のスタッフ間に起こる感情の行き違いなどは、チャレンジです。どう対処したら良いのか、戸惑いますが、それを可能にする唯一の方法は、正直に話すことです。隠し事を一切しない。これは、年齢に関係なく、子供にも大人にも当てはまります。

職場で悪いニュースを伝えなくてはならない時は、まず自分に誠意を持って尽くそうと、言い聞かせます。前もってしっかり準備をし、相手に敬意を表した後で事実関係を話します。また、仕事上でスタッフ間に争いを見つけた時は、すぐにその場で対処するように務めています。関係者全員を一堂に呼んで、話します。対立のある両サイドを「見せて、聞こえる」形にすることが大変重要で、まずそれをすると、物事が一歩前進していきます。誰も自分が厄介者や嫌われ者になることは望んでいませんが、自分が正しく理解されていない、十分に感謝されていないと感じている人はたくさんいます。そのような場を治めることは、なかなか神経を使い、勇気が入ります。しかし、リーダーとしてはしなければならないことです。

Chapter5_人とのちょうど良い距離感

Hiroko 自分が正当な評価を受けていないと感じている人には、本当に神経を使いますね。またクレームにどう返すのかも慎重さが問われます。こちらの正当性を主張しようとすると、関係がますますこじれて行きます。妙にへり下り過ぎた対応をすると、今度はそれが次の負の連鎖に繋がって行くことがありますし、実に難しいですね。

Susanna 何か起きた時に、子供にもすぐに正直に話すことが大切です。そうしないと、子供は頭の隅の何処かにそのことを憶えていて、親子間の信頼を失うほつれとなります。次女の親友が交通事故で亡くなった時、その子のお母さんから電話を受けたのは家族で海外旅行中でした。深夜でもう次女は寝ていました。この辛いニュースをどう話すべきか、今すぐ話すか、明日の朝まで待った方が良いのか、あまりのショックに判断がつきかねました。このような時に、フィンランドでは、クライシス対応の専門家が事故現場に派遣されています。そして、その専門家の助言は、「明日の朝ではなく今すぐにありのままを話せ」でした。それで、次女を起こして話しました。本当に辛いことでした。しかし、それで正解でした。父が亡くなった時も、私が祖母にすぐに告げました。

Photo : Susanna Pettersson

NO. 43
友だちはかけがいのない宝。

友だちは宝です。話し合う、笑う、泣く。時には一緒に羽目を外す。相手の話をしっかり聞く、お互いを気遣う、思いやる気持ちを口に出して伝える。共有する、助け合う、お互い協力して現状を改善する、何があっても信頼が壊れることはなく、いざという時には必ずやって来てくれると信じられる関係、それが友だちです。

Susanna マンナは、私の一番古い友だちです。赤ん坊の時から一緒に地面に座りこんで、砂をかけ合って遊んでいたと、母が今も懐かしそうに話してくれます。学生時代にアパートの部屋をシェアしたこともあります。流石に砂のかけあいっこはもうしませんが。マンナとの友情は今も続いています。

Hiroko 何年も会っていなくても、会った途端にまるで昨日も会っていたような感じになる友だち関係は宝ですね。また、初めて会った人でも会った途端に友だちになれると分かることもありますし、いつどこで誰とどういう風に出会い、友だちになるのか、出会いは不思議です。

Susanna 想像できないような場所で友だちを見つけることもあります。ある時、ニューヨークからの帰りの飛行機の中で、隣に座った私よりずっと若い男性と、まるで昔からの知り合いのように話し、笑い合ったことがありました。いつもは隣の人と話すこともなく、もっぱら仕事をしているのですが、その時は思いがけないことでした。

Chapter5_人とのちょうど良い距離感

フィンランド人は他人をあんまり寄せつけないって一般的に言われますが、一度友だちになれば、実に誠実で愉快で、そして本当に力になってくれる人たちです。何か困った時に、フィンランド人の友だちが一緒であれば、もう安心です。また、旅の連れとしても最高です。

NO.44
笑う門には福来たる。

みんなでお腹を抱えて笑い合えるのは素晴らしいことです。くだらないことにみんなで笑い転げることは家庭の中だけでなく、仕事の場でも大きな効果があります。それは、お互いを信頼している証拠だからです。冗談が言える環境には、きらめくようなアイデアも隠されています。笑いのあるところでは仕事も必ずうまく回って行きます。

エルッキおじさんはいつも私を笑わせてくれました。バカな事ややってはいけない事を平気でやってしまう人でした。例えば、弟の誕生日に母がケーキを焼いて、上にクリームたっぷりのデコレーションがしてあるのに、母がちょっと後ろを向いた隙に、指を突っ込んで味見をしたり。それを見て、弟と私はお腹を抱えて笑ったものです。

家族やご近所に、ちょっと世間からはみ出した愛すべきおじさん、おばさんがいるのは理想的です。タテとヨコの関係だけでなく、ナナメの関係が存在するコミュニティ。

もう一人のヘイッキおじさんは、テーマパークのリンナンマキに行った時、木製のローラーコースターに乗って、怖くて怖くてどうしようもない振りをして、狂ったように叫び出したことがありました。その様子があまりにもおかしくて、私たち子供は自分たちがローラーコースターに乗っている怖さを忘れてしまった程でした。

110

Chapter5_人とのちょうど良い距離感

Hiroko 笑いは、エネルギーの源泉と繋がっていると思います。フィンランドのとあるファッション・ブランドと仕事をした時、シーズンの発表前の尋常でない忙しさの中にもどこかに余裕があるのです。不思議に思って聞いてみると、「目の前にやらなきゃいけないことが山積みになると、ついついみんなで顔を見合わせて笑ってしまうんだ。それで切り抜けられることもよくある」とのことでした。自分たちが置かれている大変な状況を笑うことが出来るのも大きな才能の一つです。そして、その大変さを笑い合える仲間がいること、仕事の醍醐味はそれに尽きます。

Susanna 美術館のブランディングを考えていた時、コンサルタント会社の担当者から、こんなに笑い合うチームには今まで出会ったことがないと言われたことがあります。力を尽くして働き、心から笑える瞬間があるチームからは、クリエイティブな仕事が次から次へと生み出されていくものです。

Photo : Susanna Pettersson

111

NO. **45**
周囲の人から積極的に学ぶ。

何かを学ぼうと思えば、そのチャンスはあらゆるところに溢れています。学ぶことが出来る人は、あなたの周りの人々の中にも必ずいるはずです。自分の体験に基づいた貴重な知恵を教えてくれる人たちと知り合い、直接教えを乞うことは、大きな力になります。世の中には、実際に実践しなければわからないことがいっぱいありますから、身近な先輩の教えは貴重です。

Susanna メンター制度は素晴らしいと思っています。師と仰ぐ方々や経験豊かな先輩たちが惜しみなく経験を共有し助言を授けてくださるのはありがたく幸せなことです。自分がメンターになることも好きです。先輩にしてもらったように、私も若い人に対してそうありたいと望んでいます。自分が学んだことを若い人と共有することが出来るのは喜びです。

Hiroko このところ、後期だけ週に１回大学の非常勤として教えています。そのために出張のやり繰りをし、片道１時間半、往復３時間かけて通っています。自分の経験や体験が若い人の成長に少しでも役に立っていることを知るのは、うれしいことです。毎回、「ああ、今日も面白かった！」と思いながら帰途につきます。

Susanna 最近、職業的なネットワークが人気です。特定の分野を引っ張っているリーダーや、お互いに感化し合える人たちとの繋がりは貴重です。特に仕事についたばかり人たちにはそのような

Chapter5_人とのちょうど良い距離感

ネットワークから得ることは大きいと思います。周りになければ、自分で立ち上げれば良いのです。人々と実際に会って話すことによって、それまで予想もしなかった学びの場が自分の周りにあることに気づくはずです。

街を歩いていたり、電車の中などで、佇まいが凛としている人や、高価なものを身に付けているのではないのにセンスが光る人、自分のスタイルを持っている人との偶然の出会いも勉強になります。

Photo : Susanna Pettersson

No. 46

私のヒーローは、
106歳まで生きたおばあちゃん。

106歳まで生きた私の祖母、ヘルヴィ・ホッカネン−ペッテルソンは、生涯に渡って反骨精神を貫いた人でした。独学でアーティストになり、30年代には、ヨーロッパのアート・コレクションを見て回る旅に出ました。結婚相手には10才年下の人を選びました。ハーブを育て、料理をすることが好きでした。犯罪小説、特にアガサ・クリスティがお気に入りでした。

一年を通じて、真冬でも泳いでいました。90歳を超えてもそうでした。真冬の海辺で凍えている私に向かって、「ほら、おいでよ。血液循環に最高だから！」と叫んだくらいです。それは、多分、健康に良いことだったのでしょう。だって、祖母は106歳まで生きたのですから。彼女は、家族の一員として、誰をも受け入れ、誰にも平等に接しました。排他的な家族感を一切持っていなかったのです。そして、政治議論を戦わすのが大好きでした。「世界はワクワクすることで溢れ、新しいことを学びたいと思ったら、決して人生は退屈しないもの」これは私が祖母から学んだことです。

Chapter5_人とのちょうど良い距離感

私の父方の祖母は、器量も頭も良い人でしたが、36歳の時に高血圧で倒れ、左半身不随になりました。母方の祖母は、早くに夫を亡くし、一人で子供四人を育てた逞しい人でした。祖母たちや母の時代は、女性が社会的に活躍する場を十分与えられず、社会的にはいろんな制約がありました。戦争もありました。そのような時代と比べると、今、自分が独立して自由に仕事をしている環境をとてもありがたいと感じています。そして、時代背景ゆえに祖母や母の時代では出来なかったことが出来たと思った時には、心の中で密かに彼らと一緒に祝杯をあげています。「ほら、やりましたね！ 私の時代でやっと一緒に実現できましたよ」と。

Photo：Susanna Pettersson

Chapter 6
暮らしの中の美しさ

NO. 47
身近なところで美の発見。

美は、美術館やギャラリーだけでなく、毎日の暮らしの中にこそ発見していくものです。美に気づく瞬間を日常的に持つことは生活の豊かさに繋がっています。生活の中にアートやデザインが息づいていることを知ると、心が満たされ、生活が楽しくなります。試しに、自分の日々の暮らしの中でデザインがどう生かされているのかを考えてみましょう。雑誌や書籍で斬新なデザインを知ったり、ショップで画期的なデザイン製品に刺激を受けるだけでなく、もう一歩踏み込んで、自分の暮らしと照らし合わせ、日々の問題に対するヒントとしてデザインを考えてみましょう。そうすると、生活がもっともっと面白くなるはずです。

デザインは、あんまり難しく捉えることではなく、日々の生活の中で、自分なりにちょっとした工夫をすることかもしれません。聞いたところによると、フィンランドを代表するデザイナーのカイ・フランクの「キルタ」のミルク入れは、戦後まだ人々の生活が貧しくて、各家庭に冷蔵庫も無かったころに考えついたのだそうです。二重窓の間に置いておけば、ミルクが腐りにくいことに気づき、そのために丁度良い大きさは何だろうと考えたのがデザインのきっかけだったとか。このエピソードの真偽の確認は出来ていないものの、私にはとても説得力を持つ話です。

Chapter6_暮らしの中の美しさ

考える、それも頭だけでなく、手を動かしながら考える。これは、小さい頃から訓練しておくことが大切です。子供の頃、父からトウヒの松ぼっくりから牛を作ることを習いました。松ぼっくりを牛の身体に見立てると、松の枝が牛の脚になります。いとも簡単に作れるので、牛の一団があっと言う間に出来上がります。それで私は一日中、空想を巡らせながら遊びました。これは、フィンランドの伝統的な子供の遊びです。自分で作って遊ぶ楽しさを父が教えてくれたのです。建築家だった父は昔から伝わるもっともシンプルなものが好きで、岩や石、木などを観察して、自然の中に潜む形や色を味わうことも学びました。私は一日を過ごす中で現れる自然の美しいフォルムや光の瞬間を発見するのが好きです。それが暮らしの小さな楽しみです。

Photo: Susanna Pettersson

NO. **48**
自然を活かした建築物。

フィンランドでは木や石など自然素材が豊富です。1490 年に建てられたハットゥラの聖十字架教会や 1280 年代に建てられたトゥルク城は石で出来ていますし、ヘルシンキが首都になった 19 世紀以降にはドイツ生まれのカール・ルドビッヒ・エンゲル（1778-1840）によって、今も存在する議事堂、大学、教会、大学図書館などの石の建物がデザインされました。

20 世紀初頭、ナショナル・ロマンティシズム時代の建築家たち、アルマス・リンドグレン（1874-1929）、ヘルマン・ゲセリウス（1874-1916）、エリエル・サーリネン（1873-1950）も地元の石を使って、ヘルシンキの中央駅、国立博物館、ヘルシンキの劇場を建てています。

現在、ヘルシンキの石造りの建物で一番有名なのは、テンッペリアウキオ教会 (1969) です。毎年 50 万人もの人が訪れています。設計者はティモとトゥオモ・スオマライネン兄弟、堅い岩をくり抜いて造られました。私たちが属する教会でもあり、結婚式も娘二人の洗礼式もそこで行いました。

Chapter6_暮らしの中の美しさ

🧑 木も建築資材としては昔から珍重され、建物の大小に関わらずよく使われています。ヘルシンキのセウラサーリにある野外博物館（1889年）に行くと、フィンランドのそれぞれの地方独特の木造建築に出会うことができます。

🧑 ウチの家も木造ですが、木造建築は、小さな家に限られたわけでなく、ストラ・エンソ社は、木を使った高層建築のユニークなモデュラー技術を開発しました。2018年にはヘルシンキのヤトカサーリ地域に木のブロックで作られた高層アパートが出来ています。

🧑 アールト大学の建築学科には、木の建築に特化したウッド・プログラムのコースもあります。

ハットゥラ聖十字架教会

フィンランドの木造住居／セウラサーリ野外博物館

NO.49

ファミリーストーリーに耳を傾ける。

どの家族にもファミリーストーリーがあります。エピソードだけでなく、椅子やテーブルなどの家具、食器や陶器、あるいはジュエリーなどに纏わるものもあります。「もの」のストーリーには、過去だけでなくそれを引き継いで使っている現在の自分たちのストーリーも加わって、家族の記憶として次の時代に引き継がれて行くものです。

Susanna 私は、骨董品だけでなく、モダンアートや現代美術も好む家族に生まれました。そのことをとても幸運なことに感じています。祖父の父、私のひいおじいさんは船乗りで、世界中を航海して異国情緒溢れるものを持って帰り飾っていたそうです。祖父はギリシャ、エジプト、チュニジア、アメリカへの旅の思い出も話してくれました。貝殻、ビザンチンの花瓶、ギリシャの骨董品、アイコン、ロウソク立て、東アジアの陶磁器など、子供の私にとって、祖父の家はまるで不思議なものがいっぱい詰まった魔法の箱のようでした。一緒に、フィンランドの農民の家具やモダンデザインのものも飾られていて、子供の好奇心がどんどん膨らんでいく家でした。

Hiroko お祖父さん、お祖母さんは、アルヴァ・アールトとも友人で、ティモ・サルパネヴァもカイ・フランクともお知り合いだったとか。今、あなたの家の暖炉の上に飾ってあるものの中には、あなたのひいおじいさんから受け継いだものがあるそうですね？

122

Chapter6_暮らしの中の美しさ

Susanna　そうなのです。受け継いだものと、私がいろんな場所で買い求めたものが共存しています。日本への旅で見つけたものもいっぱいあります。

美術史を勉強し始めた時、祖父をインタビューし、祖父が子孫に伝えたいストーリーの目録を作りました。ですから、今度は私が娘たちに伝える番です。私は今、家族とともに、祖父母が残した家に住んでいます。家やものに纏わるファミリーストーリーを継承するには最高の環境です。そしてそれは、私の家族にとってこの上なく幸せなことだと思っています。

Hiroko　私は、祖母や父母たちやご縁をいただいた人たちが残した着物を仕立て直して着ています。着物は、布がしっかりしている限り、ほどいて、洗い張りに出して仕立て直せば、また新しい着物として蘇ってきます。私は大柄ですから、袖の長さや丈を調整する必要もあるのですが、懇意にしている呉服屋さんに相談して、帯でちょうど隠れる胴回りに新しい布を足してもらっています。そういう着物を着ると、それを着ていた家族の懐かしい思い出も蘇り、まるで一緒にいるような気持ちになります。

Photo : Susanna Petters□□

No. **50**

家族の「記憶」を持つ。

Susanna 私が大切にしているものは、その一つ一つに特別な記憶と意味合いがあります。50歳の誕生日記念に、母から貝殻をもらいました。小さな頃、よく触って愛でていた子安貝です。耳に当てて、海の音を聞きながら、遥かな想像の世界に私を連れて行ってくれたものでした。今、その貝殻は私のベッドの脇にあります。私が洗礼を受けた時のビザンチンのボウル、祖母が毎日身につけていた指輪なども、家族から相続した大切な私の宝物です。

Hiroko 父母が亡くなってもうそれぞれ何十年も経ちますが、田舎の家はそのままにしてあります。もう誰も住んでいないのですが、家族の記憶が詰まった場所ですから、ウチの子供たちだけでなく姪や甥、友人知人を含めて誰でもいつでも帰れる場所として残しておきたいと思うからです。別に大した家でもなんでもないのですが、維持管理はそれなりに大変で、その努力をしていることが今の私には最高の贅沢です。使っていたお皿もお箸も、花瓶もテーブルセンターもそっくりそのまま残してあり、年末年始にはみんなで集まり、父母が生きていた頃と同じようにお節を作って祝います。そこに流れる時間を共有することで新しい思い出が増え、そのことが日頃は離れ離れに暮らすみんなの心の支えになっている気がしています。

Chapter6_暮らしの中の美しさ

Photo：Susanna Pettersson

©Timo Mänttäri

No. **51**

美は細部に宿る。

家の中で一番重要な部分は何だと思いますか？ 屋根、床、あるい
は？ デザイン的には、玄関のドアハンドルだと言われています。ド
アハンドルは、家に入るときに最初に手に触れるもの、家との物理的
な最初のコンタクトだからです。ドアハンドルに注目しながらフィン
ランドを旅してみるのも面白いかもしれません。一番有名なのは、ア
ルヴァ・アールトのデザインしたものですが、農家や地方の建物のも
のには、自然素材、木の枝をそのまま使って作られたものがよく見ら
れます。木の幹や枝は、階段の手すりや家や庭を囲む柵にも使われて
います。

Hiroko アメリカの建築家、フランク・ロイド・ライト（1867-1959）
が好んで使った言葉に、「神は細部に宿る」があります。「外科
医であればミスを埋め込んで隠すことも可能かもしれないが、建築家
は、上に蔦を這わせるしか手はなし」とも言っています。要するに、
建築家は大小にかかわらず、デザインの細部に至るまで責任を持たね
ばならないと言うことです。

Susanna 一度建てられた建物の空間をどうデザインするのかは、それが
家であろうとアパートであろうと、住む人が決めることです。
古いものと新しいもの、高いものと低いもの、ミニマリステックに行
くのか装飾的にするのか、住む人のセンスによりますが、そのバラン
スがとても重要だと思います。

126

Chapter6_暮らしの中の美しさ

私がよく泊めてもらうカリとパウラの家は、デザインセンスに溢れ、とても居心地の良い130平米の木造の家です。カリはグラフィックデザイナー、パウラは元中学校の美術の先生でした。建築のキーワードは、「広い床」「大きな窓」「増築・改造可能なスペース」。日本の木造の家をイメージし、畳一畳の大きさ90x180cmを基本サイズに設計されています。最初に建てられた1978年から20年経った今、長年の二人の夢であったガラス張りの温室が増築され、広さは230平米、園芸の才能があるパウラの冬の温室庭園はそれは見事です。カリの友人で著名な建築家アルト・シピネン教授からも「この家は最高傑作の個人住宅の一つ！」とのお墨付きを得ているそうです。お二人のおもてなしと人柄だけでなく、とても居心地の良い家で、行く度についつい長逗留してしまいます。

NO. **52**
気に入った食器は、
毎日使って愛でる。

Hiroko 私もそうですが、スサンナも、陶器やガラス器が好きですよね。二人で打ち合わせへ行く途中に気になる陶器屋さんや骨董品屋を見つけると、誘惑に負けないように目をつぶって通り過ぎるのが大変ですよね。

Susanna 何回か、そんなことがありましたね。日本に行けば民芸、フィンランドではモダン陶器。どこに行っても掘り出し物がないかとついつい目を光らせています。学生の頃、蚤の市で見つけて以来、オイヴァ・トイッカのガラス瓶も私の大事なコレクションの一つです。窓の棚の上に並べて置いているのですが、朝の光に照らされた瓶は特別な輝きを放ちます。それをゆっくり眺められる朝は、至福の時です。

Hiroko 大切なことは、投資のために買ったり、戸棚や収納庫にしまって置いたりするのでなく、毎日使って愛でることです。

Susanna 家族とロンドンに住んでいた頃、英国の風景が描かれたちょっと妙なプレートですが、気に入って、見つける度に買っていました。赤、緑、青や茶色の絵付けのものがあり、今も毎日のように使っています。別に骨董的に価値が無くても、気に入って毎日使うことによって愛着が出てきます。そしてそれがファミリーストーリーになって行きます。

Chapter6_暮らしの中の美しさ

Photo : Susanna Pettersson

NO.53
水切り棚は、生活用品の最高傑作。

優れたデザイナーたちのアイデアから生まれたものによって、私たちの生活はずいぶんと便利になっています。例えば、チーズ・カッターや食器洗いブラシ、ハサミなどです。今では、それらが無い生活など考えられません。

初めてロンドンに移り住んだ時、台所に、いつも自分が使っている何か大切なものが欠けていると気づきました。それは、食器水切り棚でした。フィンランドでは、台所の流しの上の食器戸棚を開けると、一番下の段に、洗った食器を置く桟がついています。洗った食器をそこに置くと、余分の水が直接流しにポタポタ落ち、食器が乾く仕組みです。とても単純で便利。小さい頃からずっと使っていましたから、ロンドンの台所にそれが無いことが不便でした。

この食器水切り棚は、本当に素晴らしいインベンションだと思います。洗った食器が戸棚に収納されて、その上、そのまま乾くのですから。流しの上に水切りかごが必要なく、見た目もスッキリ。私は、フィンランドで長期滞在する時にはアパートを借りますが、コンパクトで機能的な台所にはいつも感心してしまいます。

この水切りかごと食器棚を組み合わせるというアイデアは、もともと1932年にアメリカで特許申請がなされたようです。フィンランドでは、マイユ・ゲブハルド (1896-1986) によって1944年から翌年の45年の間に開発されました。ゲブハルドは当時

Chapter6_暮らしの中の美しさ

フィンランド作業能率向上研究所に勤めていて、食器洗いの効率化を提唱していました。当時の専業主婦が皿洗いのために平均的に3万時間を費やすことなどの研究調査をしたのもゲブハルトです。

Hiroko ゲブハルドは、皿洗いの時間をどうやって短縮するかに挑戦したわけですね。彼女は、現代を生きる私たちにとっても実に的を得たテーマの本も何冊か書いています。

Susanna 当時から「家事を効率よく、整理整頓すること、地消地産の食べ物、時間の管理をして買い物をテキパキと」などを推奨していました。「心に埃が被らない程度であれば、家具の上に埃があったとしても平気」、「ゆったり過ごす術を学ぶこと、それは時として働くよりも大切なこと」、「家の中で一番大切なのはそこで暮らす人たち」など、彼女の名言は今でもよく引き合いに出されています。

Photo:Johanna Vatjakka

No.54
タイムレスにお金をかける。

家で使うものは、一生もの、次の世代にまで使い続けられることを基本に選ぶことが理想的です。技術的に優れていることも大事ですが、心を込めて、しっかりデザインされて作られていることの方がより重要です。そのことを代表するのがアイノとアルヴァ・アールトのデザインです。

Susanna 祖母が1930年代に購入したアールトのテーブル、椅子、スツール、ワゴンを今でも使っています。買ったその日からずっと使われ続けているのです。今もデザインは新鮮で、素材には時間とともにツヤと光沢が増し、味わいが一層深まっています。家具だけでなく、我が家のテーブルで日々使われているカイ・フランク、アイノ・アールト、ティモ・サルパネヴァのガラス器や陶器もタイムレスです。もちろん、新しい世代の人たちの仕事も良いですね。フィンランドはデザイン志向の強い国ですから、才能を持った気鋭のデザイナーが次から次へと誕生しています。私が今、注目している一人は、ハンナ・ランベリやフレッド・オウレンと言ったデザイナーたち。最初はアラビア製陶所で働き、そこで全てを学んで独立し、小規模ですが、野心的なブランド「ヴァヤ」を設立しています。

Chapter6_暮らしの中の美しさ

私の最近のお気に入りは、ナタリー・ラウテンバッハーです。色もフォルムも繊細でありながら存在感があります。優しくて強い。朝のコーヒーカップはいくつか台所の棚の上に並べていて、その朝の気分によって選びますが、ナタリーのカップで飲む朝は、ゆっくりていねいにコーヒを立てる余裕がある日です。

Photo：Nathalie Lautenbacher

NO. **55**
何を着るかも、自己プレゼンの一つ。

お気に入りは、美術館のアート・プロジェクトで仕立ててもらった
「アーティスト・コート」

どんな服を着るかは自身のスタイルの表明ですから、衣服の選択は大切です。私の洋服を選ぶ基準は、はっきりしています。デザイン性の高いもの、優れたカット、エコロジカルな素材、手入れが簡単なものです。だから、手で洗えないものやアイロンがけが必要なものは滅多に買いません。だって、その時間がないんですから。
また、実用的でかつ、いろんなシチュエーションに対応出来るもの。

Chapter6_暮らしの中の美しさ

仕事で着るだけでなく、一流の人たちが集まるパーティや会議の場所にも着ていけるものであることも大切です。いろんな場面に合わせて着ていけると言う意味で、イッセイ ミヤケの服は気に入っています。

Hiroko 自分のスタイルを持っている人はステキです。そして、自分に心地良いものを身につけることも大切。気が張る仕事に出かける時に自分にスイッチを入れる服のチョイスは、自分を励ます意味でも重要です。

Susanna 私の大好きなコートは、アート・プロジェクトで注文したものです。前に館長を務めていた美術館で面白いファッションアートプロジェクトがありました。参加クリエーターは、「サムイ」の設立者でありデザイナーのサム－ユッシ・コスキ、画家のアンナ・トゥオリ、ファッションデザイナーのソフィー・サカリ、グラフィティアーティストのEGS、デザイナーのハッリ・コスキネンの４人で、彼らを招き、美術館のコレクション作品を使って「アーティスト・コート」となるプリントをデザインしてもらったのです。私はソフィー・サェカリのプリントを選び、コートに仕立ててもらいました。このコートを着る度に、出来あがるまでのことを思い出し、ついついにっこりしてしまいます。

№56
ファッションは時代の風を着る。

ファッションは、時代につれて変わって行きます。時代を反映する鏡でもあります。着るものも、家具や食器と同じように、自分の身体や気持ちに合った上質のものを選び、大切に長く着られるものを選ぶことが基本ですが、その時々の旬の感覚にも敏感でいることも同じ位に大切なことです。その積み重ねが、その人のスタイルを作って行くとも言えます。

Hiroko ヴオッコ・エスコリン－ヌルメスニエミは1930年生まれ、1953年から60年までマリメッコのデザイナーとしても活躍したフィンランドを代表するデザイナーです。ヘルシンキのデザインミュージアムの前の通りをちょっと行った所にご自分のお店「ヴオッコ」があります。先日、たまたま、前を通りかかった時にお店でお見受けしたので、お話しをすることが出来ました。出来る限り土曜日にはお店に顔を出すことにしていらっしゃるそうです。

Susanna ヴオッコは、マリメッコが初めてユニセックス用に作ったシャツ、「ヨカポイカ 全ての少年たち」のデザインもしています。 1956年以来、今も着続けられている人気のマリメッコ商品です。彼女は、建築的な要素をファッションデザインに持ち込み、身体を解放し、自由なスタイルを提唱しました。それは画期的なことでした。

Chapter6_暮らしの中の美しさ

お目にかかった時に、インスパイアされるお話をたくさんしてくださったのですが、その一つに、「ファッションはトレンドではありません。時代を読むことです」がありました。ただ流行っているからというのでなく、その時に自分が考えていること、感じていることにフィットした服を着ることは、「時代の風を着る」ことだと、私なりに解釈しました。今を生きているということが感じられる服を着る、その感覚はとても楽しいことです。

Photo：Akiko Osaki
マリメッコの定番「ヨカポイカ」のシャツ

№57
編み物でメディテーション。

Photo：Susanna Pettersson

この10年間、編み物をしています。きっかけは、幼稚園に通い始めた娘たちにマフラーを編みたいと思ったからです。それが出来ると、夫のために帽子を編みました。そしてマフラーとミトンが編めるようになると、ある日突然、ソックスを編みたいと言う気持ちが湧いてきました。ソックスには、実はトラウマがありました。中学校時代に、踵の部分を編むのにつまずき、結局習わないまま来てしまったからです。しかし、年を重ねて自分の内からいきなり出て来た、「私にもきっと出来るはず」の叫びを聞いて、挑戦してみることにしたのです。そして、出来ました！ 今では、家族全員だけでなく友達にも編んでいます。

Chapter6_暮らしの中の美しさ

不思議ですね、私もスサンナと同じように、50 代になってから、ある日突然、編み物をしたいと思ったのです。別に何を編むと言う訳でなく、ただ編みたいと思ったのです。それから 10 年間くらいは、どこに行くにも、編み物キットを持って歩いていました。出張が多いので、飛行機の中や電車の中、乗り換えを待つ時間にせっせと手を動かしていました。私も、中学校の家庭科の時間に、ソックスの踵でつまずきました。時間内に片方しか編めず、最後は母に泣きつきました。明らかに、右と左のソックスの大きさが違うのですから、先生にはバレバレでした。

編み物をしていると、なぜか気持ちが休まります。まるで、瞑想しているように、右脳、左脳、両方に良いエクササイズになるようです。ストレスを鎮め、自分を肯定的に考える効果です。その上、すぐに成果が見えます。仕事柄、一つのプロジェクトが日の目を見るまでには長い時間がかかり、何年にもおよぶ場合もあるので、手を動かせばそれだけすぐに成果が見える編み物は楽しいです。毛糸を手に、テレビの犯罪番組を見ながら、編み棒を動かす時は至福のときです。

手を動かしていると、何だか安心してきます。時々、ただ編むことだけをしたいと、何を編むのか考えもしないで始めてしまうこともあります。間違えたらほどいて編み直すことができるのも良いですね。色の組み合わせを考えるのも好きです。フィンランドにはどこの町にも、小さなステキな毛糸屋さんがあります。そういう店には必ず編み物が大好きで親切なオーナーがいて、色々と相談に乗ってくれます。

| COLUMN ❷ | 知っていればフィンランド通？ |

NO.58
フィンランド人の遺伝子に、
組み込まれた「秘密の力」。

Sisu
シス

フィンランド人は働き者で心に秘めた決断力があると言われています。それは、フィンランドのことわざ「灰色の岩をも突き抜ける」に表わされているように、フィンランド人の遺伝子の中に備わっているものです。

それを「シス」と呼んでいます。

「シス」の説明にはいろいろあります。粘り強さ、妥協しない頑強さ、ガッツ、勇気など。要するに、全ての障害に打ち勝つ、決して負けない心です。歴史的にも、フィンランドは、1939年に起きたロシア（当時のソビエト連邦）との「冬戦争」に多くの犠牲者を出しながらも戦い、独立を守りました。これは、「シス」の代表的な例です。

「シス」は、アーティスト、作家、作曲家、劇作家たちにインスピレーションを与え、個人の意志の力が英雄的な行いに繋がることをテーマに数多くの作品が作られています。

「シス」はどこのドラッグストアでも買える強い味の喉薬の名前でもあります。また、冬の間凍るバルテック海の氷を打ち砕く砕氷船の名前にもなっています。

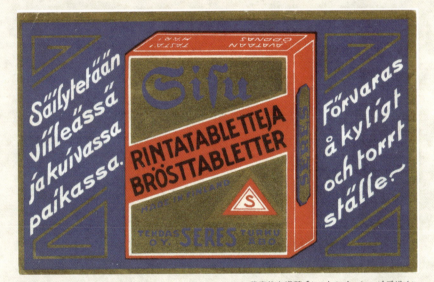

代表的な喉薬「シス」のパッケージデザイン

Chapter 7

ワーク・ライフバランス

NO. 59
ママが仕事でもパパが家にいる。

フィンランドでは、すべての子供に保育所が用意されています。両親が子供のことを心配せずに仕事が出来る環境があります。それが可能な保育システムを政治的にも教育的にも実現しています。フィンランドで最初の幼稚園ができたのは1850年、フリードリッヒ・フローベル創立のドイツモデルが参考にされました。1892年には保育士のトレーニングが実施され、1920年には国内で80箇所の幼稚園がオープン。しかし、全員の子供を受け入れるシステムの確立までにはそれからまだしばらく時間がかかりましたが、今は完備されています。

Hiroko 日本のお母さん、お父さんが心底羨む本当に素晴らしいシステムですね。日本ではそれを目指してはいるものの、まだまだ地域によってバラつきがあります。保育所の抽選に漏れて、絶望的になっているお母さんはまだまだいっぱいいます。

Susanna 60年代のヘルシンキ、私が子供だった頃は、家に住み込みの子守の女性を雇うのが普通のことでした。ウチに来てくれた人は、地方出身の人で、料理をし、洗濯をし、近所の公園に遊びに連れて行ってくれました。母は教師として働いていましたから、彼女の役割はとても大切でした。当時、職場に戻るまでの産休はたったの2週間でした。私自身は6歳で保育園に通い始めましたが、娘たちの時代になると大体2歳で保育所に預けることが一般的になりました。この10年の間に、システムは画期的な発展をとげ、親が主体的に決められる事が増えました。父親は最大54日間育児休暇が取れ、母親

Chapter7_ワーク・ライフバランス

は平日分の 105 日間取ることが出来ます。育児休暇が終わると、どこに住んでいようと子供を保育所に預けることが出来ます。これこそ、まさに大きな進歩と言えます。

この間ヘルシンキに滞在していた時、知人との打ち合わせで海の見える場所にあるカフェに急ぎ足で向かっていたら、乳母車に赤ちゃんを乗せた若いお父さんが、外のテーブルでコンピュータを前にコーヒー片手に仕事をしている光景に出くわしました。その側で赤ちゃんはスヤスヤ。とても自然な佇まいでした。1 時間半ほどの打ち合わせを済まして外に出ると、そのお父さんはまだ仕事中。ついつい、「いつもこんな感じで仕事をなさっているのですか」と、話しかけて見ました。すると、「今日は妻が仕事で出かけたので、自分が子供を見ているんだ」という答えでした。別に自分は特別なことをしている訳でもなく、日常のことだという表情でした。とてもいい感じでした。

我が家の場合は、私が博士論文を書き終わった頃に、夫が執筆を中心とした仕事に入りました。ですから、娘たちが小さい頃、家にいるのは夫の方が多いという生活パターンでした。保育園も充実していましたが、とても助かりました。フィンランドでは、仕事の面接の時に、小さな子供がいるのかどうかの質問はしてはならないことになっています。それが仕事を得るかどうかの基準になってはならないとの配慮からです。これも進歩だと思います。

145

NO. **60**
フレキシブルな家族構成。

フィンランドの家族は、離婚や再婚、その他のいろんな事情により、家族構成が大きくなったり小さくなったり伸縮自由です。しかし、それがうまく機能する場合とそうでない場合があります。私の両親は、私が12歳の時に離婚しました。父は再婚し、二人の息子が生まれ、私には二人の義理の弟ができました。母も再婚しました。そして幸いなことに、クリスマスやその他の家族のお祝いの時にはみんなで集まっています。その後、父が２番目の奥さんとも離婚して、離婚した奥さんが他の人と再婚して、二人の子供をもうけた時も、それで終わりではなく、大きな家族の一員として残りました。母の再婚相手の前の奥さんもパーティの時にはやってきます。私の家族

Chapter7_ワーク・ライフバランス

の場合は、それがうまく行ったケースと言えます。離婚で縁が切れて
しまうのでなく、その後もそれなりの関係を保ち、新しい連れ合いも
受け入れることによって、ファミリー・ツリーが豊かに大きく膨らん
で行ったのです。

Hiroko そういう、おおらかさって羨ましいですね〜。こうあるべきだ
と言う標準理想像を勝手に作り上げてそれに固執するのではな
く、「まあ、いろいろあってもいいじゃない？」かと。でも、どうし
て、そのようなおおらかな拡大家族が可能になったのですか？ きっ
と、核になる方の存在があったと思いますが、それはどなただったの
ですか？

Susanna 音頭取りは、父方の祖母でした。父が2番目の離婚の後のクリ
スマスパーティの時に「前妻が来るのなら行かない」とふてく
されて言ったのです。その時、祖母は「家族の一員として彼女を招待
してあります。嫌ならあなたの方が来なくてもよいのです」と言い
放ったのです。最終的には父もやって来ました。そして、それ以後、
何の問題も起きませんでした。

Hiroko 今のお家は、スサンナが祖母さんから購入なさったわけです
が、家だけでなくその精神も受け継がれたのですね。

Susanna そうかもしれません。このことから学んだことは、一組の男女
が妻として夫として一緒に暮らすことを止めたからと言って、
この世の終わりでも何でもないってことです。関係が変わっても、会
えば、話して笑えるってことです。

147

NO. 61
金曜日の夕食は、家族とともに。

Photo : Susanna Pettersson

家族が一緒に過ごす時間を確保するのはとても重要です。努力してその時間を作ることが大切です。子供たちが小さかった頃は必ず朝食を一緒にしてました。お茶、パン、フルーツサラダ、オレンジジュース、卵。子供たちが育った今は、家族の決まり事として、金曜日の夕食と週末の朝ごはんを一緒にすることにしています。娘たちのボーイフレンドたちが加わることもよくあります。一週間の出来事を報告し合い、将来のことやニュース、世界の政治のことなどが話の中心ですが、くだらない冗談も言い合います。

Chapter7_ワーク・ライフバランス

Hiroko この間のイースターのときはお招きいただき、スサンナのエプ
ロン姿を初めて見ましたが、台所に立ってとても生き生きした
感じでした。それに、段取りや手際が良いですね。

Susanna 料理するのが好きですし、仕事の息抜きにもなっています。レ
パートリーは、魚料理、鳥料理が中心ですが、冬場には必ずト
ナカイ料理を作ります。昔は、肉料理が食卓に頻繁に登場していまし
たが、娘たちがもっと環境に目を向けて食材を選ぼうと言い始め、地
元で採れる野菜料理が増えました。大好きなデザートはレモンパイ。
台所は、家族のコミュニケーションの場です。子供が小さい時は、台
所にやって来る様子を見ながら、その子の一日がどうだったかが分か
るほどでした。

Hiroko ウチは、子供たちが小さかった頃は客人の多い家でした。毎晩
のように誰かゲストが居て、私がありもので大皿料理をササ
サッと作り、みんなで一緒に食べていました。いろんな話が飛び交
い、とにかく賑やかでした。しかし、私の仕事が増え、朝出かける前
に夕食の支度を簡単にして出かけるようになってから、子供たちは、
私の手抜きご飯にあんまり満足しなかったのか、自分たちで作るよう
になりました。オープンキッチンだったので、その意味では台所が家
族のコミュニケーションの場所でした。そして冷蔵庫の扉の上が大切
な連絡場所でした。学校からのお知らせを始め、いつもたくさんのメ
モがマグネットでベタベタと貼られていました。

NO. **62**
家事はうまく手抜きする。

Photo：Susanna Pettersson

両親が二人ともフルタイムの仕事を持っている場合、家事の分担をどうするかは大きな問題です。全てを完璧にするなんて無理ですし、その必要もありません。食べること、洗濯、食器洗い、最小限の掃除を中心にすることにしています。ですから、アイロンが必要な洋服は買わない、シーツにアイロンをかけない、窓拭きは汚れが目立ち始めた時だけ、カーテンは滅多に洗わないが基本です。

私も家事は手抜き、手抜きでここまで来ました。5年間に子供が四人も生まれ、一日が平安に終わるだけで精一杯の毎日でした。掃除に関しては、客人の多い家だったので、お客さまを迎える前

Chapter7_ワーク・ライフバランス

に大急ぎで片付ける！ 掃除へのモチベーションを上げるために、パーティを計画することもありました。

Susanna 昔は、お掃除の人を頼んでいました。1週間に一回。その日は掃除が行き届き、物事が整理され、スッキリしていました。プロの手を時々借りるのもオプションの一つですね。

Hiroko 私も、水回りだけは、年に何回かプロに頼みます。お風呂、トイレ、流し。見違えるようにキレイになります。床の掃除や窓拭きは、拭けば拭くだけその効果が直ぐに現れてきれいになりますから、仕事で行き詰っている時などに息抜きになることもあります。達成感がすぐに味わえるという意味で。

Susanna 今、家事で一番の問題は、本です。家の中にあちこちに本の山ができているのです。散らかっているのは嫌いなので、何とかしなくてはと思っています。しかし、ちょっと告白すれば、家では片付けを心がけていると言いながら、職場の机の上は、悲惨なカオス状態。「クリエイティブなインスタレーション」と呼んで、凌いでいます。

NO. 63
子供の声にしっかり耳を傾ける。

Photo : Johanna Valjakka

この間、ヘルシンキ空港で、ちょっと心が痛む光景を見かけました。家族と一緒に車から降りて来た4歳くらいの男の子が元気な声で、「ここまで連れて来てくれてありがとう」と言っているのに、大人は自分たちのおしゃべりに夢中で誰もその男の子に耳を傾けていなかったのです。男の子は諦めることなく何回も同じお礼を繰り返していましたが、大人たちはずっと知らんぷり。私は、無視されている男の子の気持ちを推し量って、ちょっと心が痛みました。その男の子のところに言って、話しかけたくなりました。

子供が話したいことがある時に、それをしっかり聞くのは、とても大切なことだと思っています。子供たちから学ぶことはいっぱいありま

Chapter7_ワーク・ライフバランス

す。彼らは小さいなりにちゃんと言いたいことがあるのです。自分なりに物事を観察し、賢く受け止めています。もちろん、それゆえに、時々、親がイラついてしまうことは私にも経験がありますが、子供は喜びと幸せをもたらします。大人が子供たちを無視する態度は決して許されるものではありません。

Hiroko 　子供の話をしっかり聞くのがスサンナ式子育ての基本と聞いて私自身を振り返って、子供の話を十分聞いたかと言うと、大いに反省があります。その日を過ごすことに精一杯でしたから。しかし、子供との関係で私自身がとてもラッキーだと思っていることは、子供たちそれぞれと何らかのプロジェクトを作り一緒に仕事をしたことです。四人の子供たちが中学生の頃から、仕事の現場に彼らを連れて行っていました。母親としてだけでなく、仕事人としての私を見せることを意識的にしていました。

Susanna 　娘二人が素直に、しっかり考える子に育ってくれたことはありがたいことです。人を思いやる、忍耐力を持つ、人の話をしっかり聞くことなどは、逆に娘たちが私に教えてくれたことです。「館長なら、もっと家で過ごす時間を確保することは出来るはずでしょ」など、時にグサリとする指摘をされたりしますが、批判だけでなく、褒めてもくれるのが嬉しいです。この親子間の「無条件の愛情」が何よりも貴重です。

153

NO. 64

女性だからと言って
諦めることは何もない。

フィンランド、デンマーク、ノルウェー、スウェーデン、どの北欧国
でも女性がリーダーであることは特別なことではありません。それ
は、性別にかかわらず仕事の能力を平等に尊重することに基づいてい
ます。しかし、給料の面ではまだまだ議論の余地があります。同じ仕
事に従事しているのに、男性の方が高く支払われているという現実が
あるからです。大企業の CEO や役員にもまだまだ女性が少なく、男
性支配が続いています。
女性の地位は社会の鏡であるとも言えます。高いポストで活躍してい
る女性の存在は、その社会が分け隔てないチャンスを提供し、民主的
な意思決定がなされ、全ての人に対する社会福祉が実現されている証
拠でもあります。

母が素晴らしいロールモデルになってくれたお陰で、女性で
あっても望むことは何でも手にすることができるというポジ
ティヴな価値観を持って育ちました。母が離婚した時、私は 12 歳、
弟は 7 歳でした。母は努力してヘルシンキの中学校の校長になりまし
たが、自分の信念を貫くために日々闘い、その様子を隠すことなく見
せてくれたのが、私にとって大きな力になりました。人に対して平等
であること、正直で大胆であること、自分が信じることを決して諦め
ないことなどは、みんな母から学んだことです。

Chapter7_ワーク・ライフバランス

私の祖母、母たちの時代は、日本では今よりももっともっと男性中心の社会でした。夫を立て、長男を立て、女性は慎ましく、決してでしゃばってはいけないと言う風潮がありました。「女と小人は養い難し」という言葉が堂々とまかり通っていました。長男の嫁は姑の世話や介護をするのは当然と思われていた時代でもありました。また、私の世代でも、フルタイムで働く女性は今よりはまだまだ少なかったです。自分が面白いということに飛び込み、海外出張にもどんどん出ていく私を見て、「それで、家庭はどうなっているの？」と女性の人たちによく尋ねられました。ですから、女性であっても家庭も仕事も諦めないフィンランドの女性たちと出会い、気持ちがとても楽になりました。

Photo：Susanna Pettersson

No.65
歴史を作った女性たち。

フィンランドの歴史の中には、強い女性のリーダーシップによって成し遂げられたことがいくつかあります。1907年の選挙で最初の女性国会議員が19名選ばれました。男性議員は181人でした。ミーナ・シッランパーが最初の女性の首相になったのは、それから約20年後の1926年のことでした。女性が首相や大統領になるまでには、かなり長い道のりが必要であったことが分かります。大統領のタルヤ・ハロネンは、2000年から12年間大統領を務めました。アンネリ・ヤーッテーンマキは、2003年の1年間だけ首相の地位にいました。

2003年のことはよく覚えています。その当時、ヘルシンキの市長エーヴァ・リータ・シートネンも女性でしたし、大統領も首相も市長も女性だったわけで、日本では考えられないことだとびっくりしました。そしてその当時、私が仕事をしていたフィンランドの美術館の館長も関係者もみんな女性でした。

高学歴の女性は、早くから社会での高い地位を求める傾向が強かったようです。例えば、ロシナ・ヘイケル。北欧で最初の医者になった女性ですが、大学を卒業したのは1878年でした。フィンランドでは、功績のある女性を表彰して、街の通りや公園にその名前が付けられています。ミーナ・シッランパーは1968年に、記念碑「ともしび ソイフトゥ」がアイモ・トゥキアイネン の手によって制作されました。ムーミンの生みの親、トーベ・ヤンソンは、2014年に、彼女の名前が付いた公園がヘルシンキのカタヤノッカに出来ました。

Chapter7_ワーク・ライフバランス

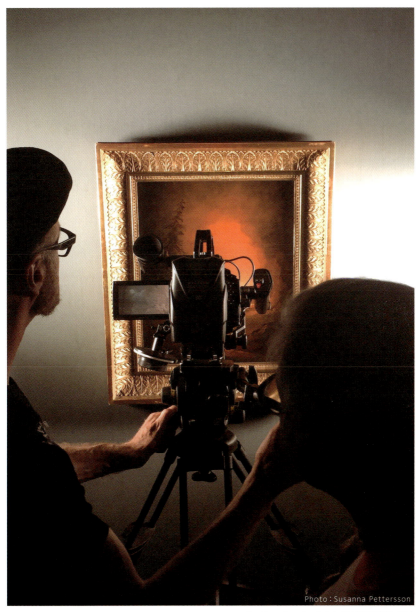

Photo：Susanna Pettersson

テルヒ・アンペルラも女性の映画監督（右）

NO.66

フレックスタイムは、
働き方改革の第一歩。

フレックスタイム制の導入は、仕事の効率化に大いに貢献しています。一日の就業時間と要求される仕事がクリアされる限り、働く人が自分で働く時間を決められるのです。朝7時にスタートしようが10時であろうが、また、15時に終わろうと18時になろうと、自分で自由に選べるわけです。自由裁量が増えれば、働く人の満足感が増し、仕事の生産性も上がります。この制度は全ての職業に当てはまるわけではありませんが、昔の産業化時代からのやり方、9時から17時までの一律の就業時間規制を現代社会に当てはめることがもう無理であることは確かです。

クリエイティブな仕事は、オフィス時間も、場所も問いません。オフィス以外の場所、お天気の良い日であれば公園でもカフェでも打ち合わせはできます。歩きながらだって出来ます。私はスタッフに論文を書くのは家でしたほうが良いと勧めています。同僚や会議などに邪魔されることなく静かに落ち着いて集中できるからです。私は空港の待合室であれ電車や飛行機の中でもどこでも仕事ができるタイプですが、一番好きな場所は、庭を眺めながらの我が家の台所です。

Chapter7_ワーク・ライフバランス

私の仕事は、まさに場所も時間も問わない、自由裁量が極めて高いワークスタイルです。また、それが私のライフスタイルに合っているので、その意味のストレスからは解放されています。海外でのプロジェクトが多く、各プロジェクトにはそれぞれ独自のチームを編成して仕事をしていますので、コミュニケーションが重要なキーです。以前は、テレックスの時代があり、続いてファックスでしたが、今はメールがあり、ラップトップと携帯電話があれば、世界どこに居ても、瞬時に繋がるようになりました。大きなデータ送信も簡単に出来、随分と便利になりました。もちろん、実際に会って打ち合わせをすることに勝る方法はありませんが、このような技術の進歩も私のワークスタイルにとっては大きな助けです。

Photo：Susanna Pettersson

No. 67
「今、ここ」に集中することこそ、ベストのタイムマネージメント。

現代社会においてタイムマネージメントは大きな課題です。「こうすれば、優先順位がきちんと出来て、必ず上手くいく」と謳う本やセミナーは巷に山のようにあります。家族、友人との付き合い方に始まり、趣味や自分の生活と仕事のバランスをどうしたら良いのか分からなくてみんな頭を抱えているようです。まず、自分が「忙しい」と感じる状況の把握をしてみましょう。一日に打ち合わせや会議がいくつあると「忙しい」と感じるのか？　あるいは、返答すべきメールが何通滞っているとパニックになるのか？　など、客観的に捉えてみましょう。自分が「忙しい」と感じる感覚は、他人との比較では決して分かりません。極めて主観的なことだからです。

忙しくなると、「これをして次はこれ」と段取りばかり頭の中でぐるぐる回って、寝る前もついつい、その事が頭の片隅から離れなくなってしまいます。また、まるで曲芸師のように球を宙に投げては落ちてくる球を拾いに飛んで行き、投げては次の球を拾うような、考える時間を持たずにただ対応しているだけの状況に陥ります。ある時、フィンランドで世界を飛び回っている友人に「どうやって切り抜けているのですか」と聞いてみると、「その忙しいクレージーな状況をまず笑う！」でした。これは一理あると思います。バカな冗談を言ったり、些細なことにゲラゲラ笑ったり、深呼吸したりして、体や心をちょっとでもほぐすことが出来たら、それだけで気持ちの立て替えにつながっていきます。

Chapter7_ワーク・ライフバランス

私のアドバイスは簡単です。「忙しい」と感じるのを止めることです。まずそれだけで、状況は改善します。そして、以下のことをトライしてみてください。

☑ 「今、ここ」に集中すること
  （目の前のこと、あるいは次のことだけに集中する）
☑ その日にすることの優先順位を決める
  （to do リストをみんなやろうと思うのは無理です）
☑ 出来なかったことより達成出来たことを数えて自分を褒める
☑ 食べることやスポーツ、その他インスピレーションを
  得られることに気持ちを向ける

以前、とある学者の言葉を聞いたことがあります。彼の説によると、毎朝、仕事に行く道中に、自分に喜びと幸せを生みだす三つのことを考えるんだそうです。そうすると、オフィスのドアを開けるころには、自分の気分が向上して一日を気分良くスタートすることができるそうです。私もやってみました。確かに効くと思います。

NO. **68**
仕事場での感情コントロール。

ものごとが計画通りに進まなかった時、あなたはどんな状態に陥りますか？　この世の終わりのような悲壮感に包まれますか？　あるいは、最悪の事態を考えますか？　あるいは、この状況がいつまで続くのか、明日までなのか、翌週、あるいは三ヶ月後なのかと、客観的に考えられますか？

Photo：Timo Valjakka

Chapter7_ワーク・ライフバランス

アンネ‐ビルギッタ・ペッシ教授が率いるヘルシンキ大学の研究者のグループが、興味深い研究リサーチを展開しています。感情が職場においてどのような影響力を持つかと言うCoPassion研究です。複数の異なった分野の専門家が参加しています。その結果として、職場において「他を思いやる、他を認め、間違いがあれば許す力」が大きな前向きの力になると報告されています。つまり、CoPassionとは、自分だけでなく他人の行動をも理解出来る心もちと能力と言えます。それに気づき、自分のポジティヴとネガティヴな感情をコントロールすることが出来れば、仕事の場がもっと健康的で生産性も上昇するとの提言です。そのためには、トップにいる人だけでなく、職場全体の一人一人が関わって行くことが必要です。全員を巻き込むことによりCoPassionが形成され、それが、仕事を推進するためのパワフルな力になって行くのです。

このCoPassion力を高めて、ものごとを、その場限りでなく、もっと大きなスパンで内容や評価をはかることが出来れば、もうシメタものです。それだけで少なくとも最悪の事態からは抜け出せているってことです。これは、職場だけでなく、家でも魔法のように効きます。しかし、頭では理解していても、実践するのが難しいのもよく分かります。ですから、いきなりでなく少しずつトライしてみましょう。

NO.69
自分のために日記をつける。

近い将来、必ず「手書きの文化」が戻ってくることでしょう。手で書くことはそれ自体が楽しいですし、書くことに集中すると、自分の頭が違った動きをするようになり、心も静まります。マインドフルネスのフォームと似ています。

9歳の時から日記をつけています。毎日や毎週ではないのですが、定期的に。若かった頃は、周りの人、特に男の子！を観察したり、行動を分析したりしていました。学校で食べたランチのことや、試験がうまく行ったとかなんたらかんたら書いていました。大人になってからは、他人のことでなく、自分のことを書いています。自分の心の声を聞き逃すまいとしますし、まるで儀式のように、自分に何度も疑問を投げかけます。それをくり返すと、とても心が静まります。また、それが、仕事で対処が見い出せず途方にくれてしまった時に抜け出す訓練にもなっています。日記をページごとに、章ごとに、文章の一つ一つ、一字一句をたまに読み返してみると、自分と同じように、何世代も前の人々も自分を取り巻く世界をより良く理解しようと、試行錯誤してきたのではないかと思い巡らしたりします。

Chapter7_ワーク・ライフバランス

Hiroko 私は切り抜きを楽しむタイプです。そして、一年に何度か、その切り抜きを整理しながら、改めて読み直したりします。日記はつけませんが、旅に出た時には、日記もどきを付けます。子供たちが小さかった頃は、出張先からよく長いファックスをしていました。今はすっかりメールですが。

Susanna 日記をつけることの問題点は、あまりにも個人的なことに触れているので、他の誰の目にも触れさせたくないことです。家族にさえも読ませたくないのです。そろそろ、どう処分すべきか考え始めているところです。

Photo : Susanna Pettersson

№.70
美味しいものをしっかり味わう。

美味しいご飯とワインは、人生のご褒美です。料理を作ることは瞑想することにも繋がり、自分が何を食べているのかを確認する作業でもあります。「あなたが食べたものがあなたを作る」です。料理の伝統は国によって異なりますが、台所をきれいにして、新鮮でエコロジカルな素材をもとに、品質の良い調理道具を使ってユニークなレシピでご飯を作ることは共通しています。そして、その時にぴったりのバックグラウンドミュージックがあれば最高です。

Susanna 食べることは、私たちのウェル・ビーイングと直接連動しています。新鮮な野菜、果物、ベリーが大好きで、よく使います。ウチの台所は広くて、居間と続いています。台所のテーブルは家の中心です。朝ごはん、夕食を食べるだけでなく仕事もするところです。この本も台所で書かれたと言っても良いです。

Chapter7_ワーク・ライフバランス

Hiroko もう一つ、私たちのこの本のプロジェクトに貢献した場所がありますね。スサンナが東京に来る度に行く六本木のお鮨屋さん。若大将が私たちの好みを熟知してくれているので、もう全てお任せ。カウンターに座っただけで、もうすっかりくつろいで、どんどん良いアイデアが出てきましたね。まさにクリエイティブで至福の時。

Susanna ヘルシンキでの私のお気に入りのレストランの一つがサヴォイです。1937年にオープンした、とても有名なレストランです。アイノとアルヴァ・アールトによってデザインされたインテリアは今も変わらず息をのむほど素晴らしく、眺めも最高です。

レストラン サヴォイ

167

Chapter 8

価値観・仕事観
リーダーシップ

NO. 71

少年少女よ、大志をいだけ。

あなたには成し遂げたいと思っていることがありますか? もし、そうだとすれば、それに向かってまっすぐに進むことです。その道のりは、短いかもしれないし、長いかもしれない。あらゆる試練が待ち受けていて、容易な道ではないかもしれません。しかし、志を高く持ち、自分を信じて進むことです。新しいアイデアに対して常に心をオープンに開いて、ワクワクする気持ち、好奇心を持ち続けることです。今、「目にすること、巡り合ったことにインスパイアされたい。そういう人生を送りたい!」と、心の底から思ったら、もうそれだけであなたは人生の勝利者と言えます。

Susanna 学生の頃、自分が何をしたいのかしっかり分かっているつもりでした。専攻分野を美術史の絵画にしました。ルネッサンス時代の建築分野は面白くない、フィンランドの中世時代の聖母彫刻にもローマ遺跡に興味がないと思っていたからです。しかし、やがてそれは間違いだったことに気づきました。自分が興味がないと勝手に片付けていたことが逆に面白くなり、その魅力の虜になってしまったからです。美術史、歴史、美術館学、文学、哲学と学んで大学を卒業する頃には、自分はいっぱしの知識家になった気分になった時期もありましたが、やがて、学べば学ぶほど、研究すればするほど、自分が知らないことがもっともっとあることに気づきました。それ以後は、転機の度に自分の中に芽生えた素直な声をバネにして次の進路を決めて来ました。

Chapter8_価値観・仕事観・リーダーシップ

私は大学時代には文学を専攻し、卒論は、アメリカの詩人、エミリー・ディケンソンでした。その後、大学院で応用言語学を学びました。しかし、仕事に対しての野心はそれほどなく、良妻賢母を目指し、その傍アルバイト的な仕事が出来れば良いと思っていました。今、振り返ってみて、自分のことを自分はなんて知らなかったのだろうと思います。その後、いろんな人々との出会い、いろんなチャンスに恵まれて、自分の会社を立ち上げ、文化の分野でのプロジェクトを企画発信して行くことになりました。「面白い！やってみよう！きっとできる！」と、周りのみんなを巻き込んで、疾駆八苦しながらも走っている毎日です。「みんなに喜んでもらいたい」と言う思いが原動力です。

Photo: Susanna Pettersson

NO.72
限界に挑戦する。

みんなそれぞれ、自信がないことや恐れていることがあります。たまには、それを乗り越えて行けるかどうか試してみてはどうでしょうか？ ちょっと勇気が入りますが、やってみるだけの価値はあります。

Susanna 私は高所恐怖症です。超高層ビル、古い教会の高い塔などが怖いのです。50歳になった時、それに挑戦してみたいと思いました。それで、飛行機からジャンプしてみることにしました。もちろんパラシュートで。ブリキ缶のような小さな飛行機で何キロか飛ぶと、すぐにジャンプする瞬間になりました。飛行機の外に飛び出すと、地面は遠く遥か、パラシュートが開くまでの間は空を自由に泳いだ気持ちでしたが、突然周りがすごく静かになり、物音が一切しない状態になりました。それは言葉では表わしようがない、とても不思議な感覚でした。私の人生の中でも忘れられない体験です。

Chapter8_価値観・仕事観・リーダーシップ

私も高所恐怖症ですが、2年連続で三千メートル級の山に登りました。立山と白山です。登山のエキスパートの友人たちに励まされながら、やっとの思いで登ることができました。立山の最後の3百メートルは特に怖くて辛くて、あれ程、地面にいる自分のことを恋しく思ったことはありません。一瞬、ヘリコプターの救助にすがりたい気持ちになりましたが、心を落ち着けて自分に問いかけてみました。「登るのも下るのも自分の足で踏み出すしかない、お前はどうするのだ」と。そして、とにかく、目の前の次の一歩だけを考えようと思ったのです。一歩一歩、それで登り切ることができました。

じゃあ、今度はパラシュートに一緒に挑戦しましょうよ。

NO.73
他人の話をきちんと聞く。

リーダーに期待される主な役目は、ビジョンを立て、組織を代表し、スタッフにインスピレーションを与え、経営を安定させるなどです。しかし、物事を切り開いていくには、自分だけでは限界があります。一緒に働いてくれるスタッフや同僚がいて、はじめて可能になります。チーム内に協働の精神が高まると、メンバーの一人一人がやる気になり、お互いに触発し合うメリットを実感し、最終的にはそれが組織にとっても大きな成果となって現れます。そして、次のさらなる向上へと続いて行くのです。

チーム内の風通しの良さが重要です。特に新しい野心的なプロジェクトを立ち上げる時は、個人レベルだけでなく、チーム内のコミュニケーション力がキーとなります。以前は、強力なリーダーシップ、トップダウン、ヒエラルキー型のコミュニケーションが成功の鍵と思っていた時期もありましたが、今までの痛い体験から、そうではないことを学びました。どんなポジションにあろうとも、チーム内の一人一人の役割はかけがえのないものであって、リーダーとしては全員の声に平等に耳を傾ける必要があることも痛感するようになりました。

人の話に耳を傾けることこそ、私のリーダーシップ哲学の基本です。私のオフィスのドアはいつでもオープン、スタッフの一人一人とじっくり話をする時間を持つように努めています。また、スタッフだけでなく、お客さんの声を直に聞くことも大切です。前の美

術館では、来館者の声、お客さんが美術館で何を望んでいるのかを具体的に知ることが必要だと、少なくとも一年に一日は、カスタマー・サービスで働くことを全員に義務づけました。実際に体験してみなければ分からないと思ったからです。私自身も、美術館のロビーで何回か来館者を迎えました。もちろん来館者は私が館長であることなど知らないわけで、いろんな質問を受けました。その中で一番多かった質問は、チケット・オフィスとトイレの場所でした。要するに、美術館のサインシステムがうまく機能していなかった訳です。すぐに対策を講じることになりましたが、このように、頭だけで考えるのでなく、実際に体験してみて、現場の人々の実際の声を聞くことも大切なことです。しかし、来館者の質問の中に、「裸の女の人のいるサウナはどこ？」などと、とんでもない質問もありました。流石に何と答えたら良いのか、戸惑ってしまいました。

フィンランド国立アテネウム美術館 ロビー

NO.74
「ありがとう」をいっぱい口にする。

日々のコミュニケーションで、感謝をすることは基本です。しかし、それを習慣として口に出すためには訓練が必要です。自然にはなかなか身につかないことです。

Susanna 子供たちがイギリスの学校に通っていた頃、最初の登校日に、「ありがとう」、「ごめんなさい」、「どうぞ」の三つ言葉を魔法の言葉として習ってきました。それ以来、この三つの魔法の言葉がいかに有効であるかを日々実感しています。

Hiroko フィンランドに長年住んでいるドイツ人の友人が、「フィンランド人はよくありがとうって言いますね」と感心していました。ドイツでは、給料をもらってしている仕事に対しては、感謝をする必要がないと感じているそうです。例えば、トラムやバスを降りる時に、フィンランドでは、運転手に「ありがとう」と言うのをよく目にするけれども、ドイツでは、その人の仕事なのだから、その必要はないと思う人が多いと言っていました。

Susanna そうですか？ 私は、逆にしばらく海外に住んで帰ってきた時に、フィンランド人はもっと感謝の言葉を口に出しても良いのではないかと感じました。感謝の言葉を口に出すのは楽しいことです。家でも職場でも、場所にかかわらず、人にお礼を言うのは嬉しいことです。他人から感謝されるのはもっと嬉しいことです。「よくやりましたね」と褒められたときのことは、誰でも覚えていますよね。

Chapter8_価値観・仕事観・リーダーシップ

> **Hiroko**　私は、「ありがとう」と言うのに、ちょっと照れくさい時や、逆により印象づけたいと思う時には、外国語の「ありがとう」をあえて使います。チャオ、ダンケ、メルシー、オブリガード、グラシアス、、、もちろん、フィンランドの「キートス」。世界のいろんなシチュエーションでかなり効き目があります。

> **Susanna**　前の美術館を辞める時のパーティで、カスタマーサービスのスタッフが私の名前を背中にプリントしたユニフォームを贈ってくれました。一緒に仕事ができてどれだけ素晴らしかったかとの言葉を添えて。大感激でした。最近、家でも上の娘から、「社会との関わりを教えてくれる、素晴らしいロールモデルになってくれてありがとう」と言われ、思わず涙がこぼれました。自分が祖父母、両親、先生や先輩から学んだことを次の世代に継承していくことこそ、人生を意義あるものにすることだと信じていますから。

美術館の同僚から贈られた名前入りのユニフォーム

177

NO.75
周りの人を励ます、インスパイアする。

チームをまとめていくには、「お互いを信頼すること、感謝すること、必要なリスクを取ること」の三つが核となります。この土台無しにはチームは動きません。お互いにプロフェッショナルな力を認めるのは当然のことですが、次から次へと襲ってくる仕事上の問題に、ベストの解決方法を引き出して行くことがチームには求められます。そして、ベストの解決方法は、得てして意外な形でやってくるものです。

美術館の未来をテーマにみんなで二日間のワークショップをしたことがあります。事前に、自分のアイデアを二つ以上考えてくること、パワーポイントでのプレゼンテーションはしないことを伝えておきました。また、開催場所は、アーティストのヤン‐エリックアンダーソンがデザインした実験的な家で行い、椅子に座っても床に直に座っても自由と提案しました。いつもワークショップが開催されるような場所ではないところをあえて選んだのです。これは、大成功でした。みんなでリラックスした雰囲気の中で話し合い、出てきた奇抜なアイデアに大いに笑ったりしているうちに、どんどん良いアイデアが出てきたのです。当初は、70くらいのアイデアが出てくれば良いと思っていたのですが、その予測をはるかに凌ぐ120もの良いアイデアが出てきました。

次の日、その120のアイデアの中から、すぐに行動に移すべきことと、投資を待って実行する必要があるものの二つに大きく分けました。美術館の中庭に水泳プールを作るとか展示ギャラリーの中にキス

Chapter8_価値観・仕事観・リーダーシップ

するコーナーを作るとか、突拍子も無いアイデアも出てきましたが、参加者が自分のアイデアを躊躇することなく口に出すことを奨励しました。そして、良いアイデアはすぐに実行に移すようにしたのです。

その時期、私はコンサルタントとしていくつかのプロジェクトに一緒に参加していたのですが、スサンナのアシスタントだったアイヤが、「ここには、みんなで話し合おうと言う雰囲気があるのがいい。特に、何かしらうまく行かないことがある時に、それをオープンに口に出せるのは素晴らしい」と言っていたことをよく憶えています。

ああ、それは私が宝物のようにしている言葉です。どこで仕事をしようが、いつもそのような職場でありたいと思っています。

ヤン‐エリック アンダーソンがデザインした実験的な家

179

NO.76
小さな失敗をたくさんしよう。

仕事上のリスクを取るためには、失敗をも許容する文化が職場にあることが大前提です。逆説的な言い方ですが、失敗には意味があり、成功への近道でもあるのです。間違いを繰り返す中で、その対処の仕方を見つけていくことこそ、一流のプロフェッショナルになる近道です。人は小さな間違いをたくさんすることによってどんどん成長していきます。ひいては、大きな失敗、取り返しのつかないような失敗を防ぐことにもなります。何よりも、リスクがあることに立ち向かって行かない限り、素晴らしいことが起きるわけがありません。

まだ駆け出しの学芸員だった頃、上司から美術館の劇場スペースのプログラムを自由に企画するように任されました。張り切って、実験的なことをやることにしました。コンテンポラリー・ジャズ、パフォーマンス・アート、オペラ、新しいフィルムなどなど、大勢の人に受けることを狙うのではなく、ニッチなアート分野を限られた聴衆に向かって試みてみようとしたのです。結果は散々でした。ほんの一握りのお客さんしか来なかったのです。かなり落ち込みました。自分のやり方だけでは通用しない、次に成功するにはどうしたら良かったのかを考える痛い経験になりました。このような経験から、リスクを取ってまずやってみること、失敗したら、そこから学べば良いのだからとチームに私はいつも言っています。

180

Chapter8_価値観・仕事観・リーダーシップ

それを聞いて、ちょっと話は飛びますが、フィンランドには、将来起こるであろう大問題を、先延ばしするのでなく、実験してみようという精神、分からないことはやってみる、結果を最初から気にするのでなく、やってみる価値のあることはやると言う精神がありますね。例えば、原子力施設から出た廃棄物処理の問題やAI技術などの進歩による社会基盤の変化、働き方や個人収入の問題などの社会の大きな問題に対して積極的に実験を重ねていこうという姿勢です。賛否両論ある中で、それをトライしているのはすごいと思います。

Photo：Susanna Pettersson

NO. **77**
自分をちゃんとケアする。

適宜な運動をし、十分な睡眠を取り、自分をインスパイアする時間を持つ、このバランスが日々の生活の中で保たれていれば、あなたがどんな大きな野望を抱いたとしても、あるいは、こなし切れないと思うほどの仕事の山に直面したとしても、あなたは大丈夫です。

ランニングによって得られる効果は大きいです。若い頃は、空手や太極拳から、ヨガやピラテスにトライしましたが、今はランニングです。完全にハマってしまっています。森、公園、大都市、どこでも走ります。出張先にも必ずランニングシューズを持って出かけます。ロンドンのハイド・パーク、NYのセントラル・パーク、東京の隅田川沿い、博多の街中、リスボンの海岸沿い、、、走っていると、自分が抱えている問題に解決の糸口を見つけることができます。時には、準備しなければいけない挨拶や講演のことを考えたりしますが、それも、半分、無意識的にです。ランニングによって、身体や心の中が解きほぐされていくことを実感しています。身体を動かしてリラックスすると、心もファンタスティックな動きをするようです。そして、楽しみといえば、何よりも読書です。特にスウェーデンの犯罪小説が大好き

です。時には無意識に爪をかみながら読みふけり、犯人がだれかなど
と考えていると、仕事のことは頭から吹っ飛んでしまいます。意識的
に仕事以外のことで頭をいっぱいにする時間を持つことで、仕事に
戻った時に新しい視点からの発想が出てくることがよくあります。

　私は一年間に3週間ほど、デトックスの時間を取ります。イ
ンドで5千年も前から続けられている伝統医学アーユルヴェー
ダプログラムです。消化の良い野菜やお粥中心の食生活に入り、ト
リートメントを受けて、身体の中に溜まっている毒素を出し切ってし
まいます。体と心のオーバーホールです。食べたものをしっかり消化
させて、10時前には寝ます。長時間のドライブや激しい運動、感情
を揺さぶられるような映画や小説など刺激の強いことからなるだけ遠
ざかる生活を目指します。そうすると、日々のペースにすぐに影響が
現れ始めます。歩くこともゆっくり、話すこともゆっくり、心持ちも
ゆったりして、雲をポカーンと眺めているような瞬間が生まれてきま
す。自分の身体の声に耳を傾ける余裕が出てきます。3週間すると、
また通常の食生活、忙しさの中に舞い戻りますが、やはり、どこか何
かが、前とは違うのです。3週間確保するのはなかなか大変ですし、
全く仕事をしない訳には行きませんが、もう十年以上も続けている
と、クライアントのみなさんも、「ああ、またあの期間中ですね」
と、打ち合わせの時にコーヒーやお茶でなく白湯を出してくださった
りして、ありがたいことです。

NO. 78

一つのドアが閉じても、別の扉が開く。

人生は自分の思い通りにいかない。このことは誰でもみんな痛いほど知っています。人生の苦です。ですから、うまく行かなかった時にさてどうするか？ それが人生のチャレンジです。出かける日の朝のすっきりしないお天気、レストランでがっかりさせられた料理、出張先のホテルの部屋が小さすぎたり、うるさすぎたりなど、気にくわないことは一杯出てきます。もう少し広いアパートに住めれば、もっとスピードが出る車を持っていれば、上司がもっと良い人だったら、もっと給料が上がれば、もっと仕事が評価されればなどなど、自分に不都合なことを、言い始めればキリがありません。

こんな時、ちょっと立ち止まって自分に問いかけてみることをお勧めします。なかなか難しいかもしれませんが、ちょっと落ち着いて、自分の立場を客観的に考えてみるのです。

自分は、どうしてこんな目にあうのだろう？

このまま、泣き言を言い続けるのか？

どうなったら、自分は気が晴れるのか？

どうしたら、状況が好転するのか？

前向きに切り替えるにはどうしたら良いか？

小さなことでも何かトライしてみることはあるのか？

これは自分に何かを教えようとしているのか？

将来、同じような目に当たったなら、今度はどうしたら良いのか？

Chapter8_価値観・仕事観・リーダーシップ

Susanna 大学生時代、約束されていたアルバイトの仕事が無くなってすごくがっかりした時「一つのドアがしまっても、また別の扉が開くよ」と教えてくれた人がいました。その時は、そんなこと言われても気休めにもならないと思ったものですが、今になってみれば、そのことがよく理解できます。別の扉はどこにもあります。目をしっかり開けて、どの扉が開くのかを見つければ良いのです。

Photo：Susanna Pettersson

Hiroko どん底に陥った時、何かのきっかけで、「もう今日は寝て、また明日考えよう」と思えることができれば、もう大丈夫、大きなトンネルを抜け出た証拠です。また、先人に学ぶ。こう言う時に自分が尊敬している家族や先輩たちが、どうやって切り抜けたのだろうと思いを巡らせてみるのも役に立ちます。そう言えば、フィンランドは歴史上、どんな困難や危機に陥っても何度も何度も蘇って来た国ですよね。

Susanna フィンランドには、生き抜く力、負けない心を表す「シス」という言葉があります。それはフィンランド人の遺伝子に組み込まれた「秘密の力」とも言えます。どんなに厳しい気候の中でも、どんな困難な仕事が振りかかってきても、一人で立ち向かい乗り越える力。生き抜く原動力になるものです。小説やアート作品の大きなテーマでもあります。

185

NO.79
階級制度なしのフラットな関係。

立場や地位、仕事の年数に関わりなく、同じラインに立っていること、フラットで組織内にヒエラルキーがないことが社会の基本哲学です。一人一人が自分の役割と責任を知っていて、自分の仕事に誇りを持ち、仲間とゴールを共有することです。

これに関して、NASA での有名なエピソードを紹介しましょう。「あなたの仕事は何ですか？」と NASA の清掃担当者が尋ねられて、「清掃です」と言わずに「月にロケットを飛ばすことです」と答えたと言うのです。「自分は掃除を担当していますが、自分が属しているプロジェクトの目的は月にロケットを飛ばすことで、自分の仕事もその目的のために欠かせないことです」と言う意識です。この矜持を持つことは、実に大切だと思います。

全てのスタッフに、自分たちの「ロケットは何か」と知っていて欲しいと思っています。自分たちはどこに向かって仕事をしているのか、それはなぜなのか？ をみんなで共有したいのです。その意味で、階級制度に縛られることには大反対です。スタッフとの関係をフラットにしています。何かあればどんなに忙しくても話し合う時間をとります。そして、全ての人に挨拶をすることを実践しています。簡単なことですが、日々の実践が大切です。お互いを認め、仲間であることの感謝を口に出して伝える努力もしています。これを、組織のトップだけでなく全員が実践すれば、それこそ、世界で最強の組織となるはずです。

Chapter8_価値観・仕事観・リーダーシップ

フィンランドでは、仕事上の役割と一人の生活者である自分をきちんと分けている人が多いと思います。首相や国会議員もヘルシンキのトラムや地下鉄でお目にかかります。駐日大使も黒塗りの専用車ばかりでなく、スタッフと一緒の公用車にもよく乗っていらっしゃいますし、夕食会の後も、近ければ歩いてお帰りになります。そのあたりはとても自由な感じがします。

Photo：Susanna Pettersson

NO.80
私たちの考えるリーダーシップ10か条。

一、 相手に何を期待しているのかはっきり伝え、
　　　それに対して小まめにフィードバックする。

二、 お互いに協力すれば、必ずやり遂げることができると伝える。

三、 少々の困難が予測されても、必要であれば決断し実行する。

四、 一度決めたことであっても、撤回する勇気を持つ。

五、 周りの人にインスピレーションを与える。

六、 ありがとうをたくさん言う。

七、 反対意見を言うことに躊躇しない。

八、 一生懸命働く。自分がそうしないと、相手に要求できる訳がない。

九、 人に優しく接する。

十、 自分を信じ、相手を思いやり、感謝をしっかり伝える。

Chapter8_価値観・仕事観・リーダーシップ

スウェーデン国立美術館でスピーチするスサンナ

NO. **81**
いつも微笑みを絶やさずに！

微笑むためには、42種類の顔の筋肉を使うそうです。微笑みは人を魅了しますし、人との関係に大きな効果をもたらします。物事がスムーズに進み、幸せ度を撒き散らします。微笑みによって、この世界はより良い場所になるのです！

このことは、今まで、どれだけの歌や詩に表現されてきたことでしょう。その中でも最も知られているのが、ずばり「スマイル」。1934年にチャーリー・チャップリンの「モダンタイムズ」のために作曲されました。アメリカの伝説的な歌手、ナット・キング・コール（1919-1965）が1954年にレコーディングしたのも有名です。

私たちが特に好きなフレーズは、

心が張り裂けそうなとき
心が折れてしまいそうになったら
そんな時こそ微笑んでみましょう

微笑みながら、
きっと明日は晴れるから、明るい光がさしてくるからと
自分に優しく話しかけてみましょう

人生には、泣いたってどうなるものでもないことがいっぱい
涙を拭いて
微笑んで空を見上げてみましょう

Chapter8_価値観・仕事観・リーダーシップ

そうしたら
きっとお日さまもあなたに向かって微笑み返してくるはず

というところです。だから、私たち二人はよく笑います。「美はみるものの目に宿る」。微笑みは、相手の目に宿ることこそ大切なのです。作り笑いはしません。必ずバレることを知っていますから。自然に心の底から笑うこと。みなさんに私たちの笑顔をお届けします。この本を読んでくださってありがとうございました。

Photo：Akiko Osaki

ヒロコ＆スサンナ

Photo : Soili Jussila (Vastavalo) /Visit Finland

■ 著者

スサンナ ペッテルソン(博士)
Susanna Pettersson

美術史家。美術館コレクション研究が専門分野。フィンランド国立アテネウム美術館館長を務めた後、2018年夏よりスウェーデン国立美術館館長に就任。レインヴァルドアカデミー（オランダ）准教授、ユヴァスキュラ大学（フィンランド）非常勤講師、アールト大学（フィンランド）評議員、フィンランドセンター（日本）理事長。

迫村 裕子
Hiroko Sakomura

文化プロデューサー、多様性を推進する立場から異文化教育、国際的な美術展や文化プロジェクトの企画運営に携わる。フィンランドとは30年に渡り、数々のプロジェクトを展開。絵本や翻訳書の著作もあり。S2株式会社代表。モットーは、「みんなちがってみんないい。でも、みんなつながっている」。

イラスト		ティモ マンッタリ　Timo Mänttäri
装丁・デザイン		平田 茜　Akane Hirata
編集		嘉藤 久恵　Hisae Kato
編集協力		ヨハンナ ヴァルヤッカ　Johanna Valjakka
		イヴィ ソーサル　Ivi Soosalu
		サラ レイマ　Sara Reima
		山川 亜古　Ako Yamakawa
		土田 ルリ子　Ruriko Tsuchida

ノニーン！ フィンランド人はどうして幸せなの？

2018年11月15日　初版第1刷発行
2020年12月21日　　　第2刷発行

発行人　白方 啓文
編集人　嘉藤 久恵
発行所　株式会社ネコ・パブリッシング
　　　　https://www.neko.co.jp/

〒141-8201 東京都品川区上大崎 3-1-1 目黒セントラルスクエア
TEL 03-5745-7809（編集部）

ご注文に関するお問い合わせは、カスタマーセンターへ
TEL 04-2944-4071

印刷・製本所　中央精版印刷株式会社

本誌掲載の記事・写真、イラストの無断転載を禁じます。

ISBN978-4-7770-5441-1
© NEKO PUBLISHING CO.,LTD.
©Susanna Pettersson,©Hiroko Sakomura
2020 Printed in Japan